O INTERESSE HUMANO

N. SRI RAM

O INTERESSE HUMANO
E OUTROS DISCURSOS E PEQUENOS ENSAIOS

EDITORA TEOSÓFICA

© The Theosophical Publishing House
Adyar, Madras, 600 020, Índia
Primeira edição em inglês: 1950
Primeira edição em português: 2015

Direitos Reservados à
EDITORA TEOSÓFICA
Sig Sul Qd. 6 Lt. 1.235
70.610-460 – Brasília-DF – Brasil
Tel.: (61) 986134909 - 986134906
E-mail: editorateosofica@editorateosofica.com.br
Site: www.editorateosofica.com.br
Instagram: @editorateosofica

	Ram, N. Sri (1889-1973).
R165	
	Interesse Humano, O/ Sri Ram: Tradução, Edvaldo Batista de Souza. - 3.ª ed. - Brasília: Editora Teosófica, 2023.
	Tradução de: The Human Interest ISBN: 978-85-7922-123-1
	I. Teosofia II. Título
	CDD 212

Equipe de Revisão: Ricardo Lindemann, Walter Barbosa e Zeneida Cereja da Silva
Diagramação: Helkton Gomes - Fone (61) 8485-2561
        helkton@hotmail.com
Capa: Marcelo Ramos
Impressão: Gráfika Papel e Cores (61) 98592-6028   (3 Reimp 2025)
E-mail: comercial@grafikapapelecores.com.br

Sumário

O Interesse Humano 7

O Ponto de Vista dos Outros 12

Um Senso de Valores 18

O Jogo dos Opostos 23

A Atividade do Desejo 27

Sobre o *Karma* 30

Vida e Morte 33

Libertação 37

Deus e o Homem 41

A Grande Ilusão 44

Felicidade 47

Juventude 52

Das Trevas à Luz 55

A Comunhão dos Santos 60

Verdade 63

Devoção 65

Lealdade 68

Reverência 71

Reta Ação 73

Inocência 76

O Amor Conquista Todas as Coisas 78

Poder na Tranquilidade 80

Sabedoria no Coração 83

Paz e Boa Vontade 85

Sendas para a mesma Meta. 90

Plano e Esfera 93

O Véu do Tempo. 96

Manifestação e *Pralaya*. 98

Evolução a partir de Cima. 100

O Plano Divino. 103

O Homem e o Universo. 105

Espírito, Espiritual e Espiritualidade 109

Do Centro à Circunferência 114

Beleza e Arte 119

A Totalidade da Verdade 124

O Interesse Humano

Jamais houve na história do mundo uma época em que organizações de todo tipo – e para todos os propósitos – tenham participado tanto da vida humana. Como desenvolvimento dos meios de comunicação, os contatos se multiplicaram; e cada atividade estruturada na cooperação de inúmeras pessoas inclui um número cada vez maior, tanto em sua própria busca quanto dentro da esfera de sua influência e relações. A extensão da atividade – e a quantidade que ela abrange – exigem um grau de organização proporcionalmente complexo e dividido.

Se é uma questão de emprestar, ou pedir emprestado, temos atualmente um sistema de crédito possibilitado pela facilidade de comunicação e transporte que, apesar da sujeição a interesses nacionais, assumiu um caráter internacional intrincado e amplo. O cidadão comum, que tem suas próprias necessidades e desejos, vê-se com pouca chance de levar alguma vantagem com sua cidadania, a não ser que se junte a outros e funda sua individualidade na de uma sociedade, grupo ou partido para propósitos afins com o seu. Se tem de proteger seu estoque e suas ações ou negociar seu produto, ou ainda obter seu suprimento de necessidades, ele tem de se adaptar à organização apropriada, sujeitando-se às suas formas e regras, e colocando-se à disposição para atuar em suas atividades.

Certamente que essas organizações para propósitos múltiplos são necessárias nas circunstâncias atuais. Mas, inevitavelmente, isso também significa que o homem comum, em vez de ser o indivíduo comparativamente livre que era em um ambiente simples, está agora envolvido em cada uma das organizações construídas à sua volta para seu benefício. Ele tem de compartilhar de suas atividades e, naturalmente, tende a assumir um tanto dos aspectos e das parcialidades da organização. Em discussões sobre algum problema que diga respeito a seu bem-estar, o pensamento e o interesse que encontram expressão, geralmente dizem mais respeito aos objetivos dos partidos e das organizações que tocam o problema e suas atividades, do que às necessidades dos seres humanos individuais. O interesse é transferido do indivíduo para os grupos com suas psicologias opostas e rivais. Na grande confusão de ideias criadas pelas correntes de opinião em discordância, o interesse do homem em si, esquecido, afunda nas profundezas.

A Natureza formou um todo a partir de diversos elementos ao criar a figura do homem físico e psicológico. E, na caixa de surpresas de seu cérebro, existe uma unidade em meio à complexidade, a qual torna cada homem consistente consigo mesmo ou, se inconsistente, pelo menos consciente do fato e sem detrimento de sua individualidade.

Este homem indivisível é representado na arte como uma figura física harmoniosamente equilibrada; a psicologia equipara-o a uma integridade de mente cuja individualidade, como uma entidade consciente, é capaz de absorver os efeitos de milhares de impactos de caráter mais variado.

Mas esse homem recua cada vez mais para o fundo entre os sistemas criados para seu próprio benefício, cada um dos quais busca subdividi-lo segundo aquilo que dele deseja. 'Que peça maravilhosa é o homem! Como é nobre em raciocínio. Como é infinito em faculdades. E ao se mover, como ele se expressa e como é admirável. Em ação, como parece um anjo. Na apreensão, como parece um Deus'. Mas será este homem um democrata ou um comunista, um conservador ou socialista, um hindu, muçulmano ou cristão, médico, banqueiro, barbeiro ou atleta?

Fazemos distinção entre o homem e a fera baseada não na transcendência do homem sobre os desejos bestiais, mas em sua capacidade de viver uma vida na qual seu intelecto desembaraçado pode suprir os instintos da fera no homem. Mas existe uma distinção a mais a ser traçada entre o homem e as coisas que ele usa. Quanto a isso, será exagero dizer que o

O *Interesse Humano* 9

interesse do homem comum é menor em relação ao seu próximo e maior em relação às coisas que ele possui ou secretamente cobiça?

Atualmente, o trabalho está reivindicando seu direito como elemento humano, mas já não haverá uma atitude de considerar os homens apenas como muitas mãos e pés para a produção das coisas de que gostamos, das coisas desfrutadas por aqueles que podem pagar por elas e cuja fabricação redunda em lucro para aqueles que possuem uma parcela nos processos de produção? Mesmo quando amamos aqueles que são nossos familiares ou amigos, o interesse que temos neles não está destituído daquele elemento de posse encontrado em nossa atitude com relação às coisas.

Assim, o interesse possessivo e o interesse por coisas inanimadas – às vezes evocados por um senso de admiração ou de curiosidade intelectual, mas cada vez mais e com mais frequência para seu desfrute e senso de segurança – têm precedência sobre o interesse humanitário e humano. Existem muito mais coisas sendo feitas atualmente, muito mais coisas das quais estamos cercados no mundo moderno, do que eram conhecidas no mundo de ontem. A atração que essas coisas exercem e a distorção que causam no campo psicológico estão refletidas no desequilíbrio da atual situação humana. No homem comum tem havido uma acentuada queda de interesse naquelas situações e nos relacionamentos humanos que, no passado, embora postas num campo muito limitado, proviam a maior parte do material de sua experiência.

Vivemos na era da máquina, do transporte, e existe uma mentalidade correspondente que atribui menos importância ao viver individual do que às opiniões produzidas em massa e à habilidade para vender, que tem a pressão exercida pela propaganda. As comunicações modernas, assim como a ideia de democracia – que surge do poder inerente em números absolutos – aumentaram tanto o escopo quanto a tendência de todo político ou homem de negócios interessado em fazer as pessoas acreditarem no que eles querem que elas acreditem. Existem aqueles que sentem que é seu dever – ou que é proveitoso para si – ajustar tudo e todos ao seu modo de pensar e distribuir ao público sofredor, o vocabulário que irá servir para condicionar seu pensamento. As ramificações do comércio espalham-se em todas as direções, e parte da luta pela existência assume a forma de uma competição bruta, que busca adiantar-se aos outros e ser o primeiro do mercado a comprar ou vender.

Em um mundo no qual a mente comum está sendo submetida à firme pressão da persuasão em tons e vozes de toda altura e nuance concebíveis, cada apelo a uma forma ou outra de autogratificação e autointeresse, consideração pelo bem-estar e pela felicidade dos outros, assume um lugar estritamente subordinado e cada vez mais insignificante. O interesse humano não é algo que possa ser manufaturado, mas deve crescer naturalmente no solo daquelas experiências pessoais vivas e nos relacionamentos pessoa a pessoa, a partir dos quais surgem suas apreensões e realizações espontâneas.

O indivíduo, por mais limitada que seja sua capacidade, tem de pensar e sentir-se separado da massa, de modo que seu verdadeiro interesse possa realmente corresponder ao interesse humano. É sobre esse interesse – quando evidencia uma capacidade de autobusca e preocupação para com os outros e reflete a pujança das emoções que surgem a partir dos relacionamentos pessoais íntimos, e dos sentimentos de dor e humilhação do outro, pelo menos momentaneamente, como se fossem próprios – que os mestres da literatura sempre amaram descrever e discorrer longamente.

A vida moderna, com seu ritmo frenético, dá pouco tempo para se penetrar os estados emocional e mental das outras pessoas, exceto da maneira mais casual e superficial. Quando aceleramos nossos carros de grande potência, seja a negócio ou por diversão, com a intenção de transformar cada momento em alguma vantagem imaginada, sobra-nos pouco tempo para inquirirmos quanto às causas de algum acidente pelo qual possamos passar, ou para pensar seriamente a respeito de oferecer ajuda. Também não sentimos a necessidade de nos dar ao trabalho de parar um ato de crueldade que poderia impor-se à nossa visão. Tudo que precisamos fazer

O Interesse Humano

para enganar nossa consciência (se ela for de algum modo sensível) é passar a informação para alguma organização que exista para esse fim, ou para o policial mais próximo que pode ou não ter tempo e inclinação para tomar conhecimento. O interesse humano desaparece progressivamente à medida que encontramos as razões convenientes para nos esquivar de nossas responsabilidades.

Com o aumento do conhecimento, suas implicações são cada vez mais numerosas, e existe um aumento no número de especialistas em cada departamento de estudo e ação. O interesse de cada um deles está em seu próprio campo limitado, em seu próprio jargão particular, e ele olha para tudo de seu ponto de vista especial e relativo. Mesmo quando tenta compreender o homem à luz da moderna psicologia, ele assim o faz com uma teoria ou técnica na qual certos elementos têm sido exagerados em detrimento de outros. Quanto mais há de técnica, especialização e análise, menos há daquela visão total na qual jaz a compreensão humana somente. Essa visão total só é possível para alguém cujo interesse esteja no ser humano como ser humano, em estudá-lo como ele é, e que busque compreendê-lo em todos os seus aspectos.

O interesse humano é um elixir precioso do qual uma pequena gota pode ir longe. É preciso tanto nutrir o relacionamento quanto dar às atividades práticas um fim edificante, sem o qual se pode fracassar. Apesar de todas as máquinas que foram inventadas e das formas científicas descobertas, o homem não consegue ser feliz sem amar seu próximo e evocar um interesse recíproco. Entre as inúmeras medidas propostas para a melhoria do homem ainda é tão difícil – como sempre foi – abordar o problema humano de maneira simplista e sem algum elemento de autointeresse ou autosserviço.

O Ponto de Vista dos Outros

Esse tema é especialmente pertinente às condições existentes em toda parte atualmente. Podemos ver quanto do problema, entre nação e nação, raça e raça, comunitário, social e pessoal, deve-se à nossa incapacidade de tratar o ponto de vista do outro de forma justa. E, frequentemente, quando nos tornamos perceptivos do problema, tratâmo-lo com pouca cortesia ou o sujeitamos ao ressentimento e ao desdém. Esta é uma época que se orgulha de direitos e liberdade, mas, no exercício da liberdade, tendemos a estabelecer o direito exclusivo e pessoal. Parece pensarmos que o homem tem menos direito a seus pontos de vista do que a seus pertences mais tangíveis. Não compreendemos que ele não pode deixá-los mesmo se quisesse.

Essas observações parecem por demais impetuosas? O espírito a que se referem é por demais comum. A diferença em sua prevalência é apenas de grau. A tolerância não é uma virtude difundida, porque é uma virtude da maturidade, e ainda não deixamos o estágio primitivo muito atrás de nós. A aparência de nossa civilização moderna mal oculta as paixões e instintos que, em outras épocas, tinham livre expressão de maneiras diferentes e talvez menos sofisticadas.

'O outro homem', cujo ponto de vista estou discutindo, pode ser um homem ou mulher de outra raça, nacionalidade ou comunidade; pode ser um rival, um empregador ou empregado, um estranho que por acaso entra num compartimento do trem que você ocupa, alguém que pisa no seu pé na rua, o vizinho barulhento; ou pode até mesmo ser o seu irmão ou amigo. Ele está em toda parte e continua forçando seu ponto de vista sobre você de todos os lados. A vida em si parece empenhar-se em fazer com que você a entenda. Sendo assim, é uma prática útil nos colocarmos em imaginação na posição do outro e ver como nós próprios sentiríamos em seu lugar. Muitas irritações menores seriam cortadas pela raiz, e muita divergência seria rápida e pacificamente acertada. Se pudéssemos ser um pouco gentis quando buscamos ajustar nossas diferenças, ajudaria muito a lubrificar as engrenagens da vida diária.

Devemos lembrar, também, que nosso próprio ponto de vista não é necessariamente certo. Pode ter raízes no preconceito. Nossa razão, que estamos prontos a afirmar que é infalível, normalmente se move sobre a superfície escorregadia de nossos gostos e aversões, mesmo se evita a ladeira da paixão precipitada. Quando dizemos: 'Este é o *meu* ponto de vista', não dissemos a última palavra em sua justificação. Podemos estar meramente assumindo posição no topo da presunção do qual não desejamos ser desalojados, porque, talvez, nos permita desfrutar um senso de superioridade solitária. Nossa inflexibilidade pode de fato não surgir da presunção, mas pode estar baseada num princípio que buscamos defender; isso não assegura que veremos as coisas numa perspectiva correta ou em seu aspecto próprio; vemos os outros através de uma névoa de preconceito, que tem origem em nossas peculiaridades de temperamento, nossa formação ou circunstâncias.

Mesmo que nosso princípio esteja certo, a aplicação pode estar errada. O modo como aplicamos o princípio num determinado conjunto de circunstâncias é tanto um teste de retidão quanto o próprio princípio em abstração. É muito raro encontrar uma pessoa que tenha uma visão tão clara que veja cada coisa como ela é, em sua própria objetividade divina.

Quando somos feridos, quando sentimos raiva, ou trabalhamos sob condições de estresse emocional é difícil vermos qualquer outro ponto de vista diferente do nosso. Mas, quando as condições normais retornam, geralmente podemos ver que por causa de nossa visão confusa estivemos aquém daquela pessoa em nosso julgamento final ou em nossa ação. Reciprocamente, se pudermos treinar a nós mesmos para considerar cada situação, à medida que surge, do ponto de vista da outra pessoa além do nosso, evitaremos muita emoção desnecessária e as consequências que surgem do julgamento impulsivo. A regra de ouro, 'Faz aos outros o que gostarias que fizessem a ti', é para você se pôr no lugar do outro antes de agir. Quando estamos na situação do outro, é bem provável que vejamos como ele vê, e queiramos o que ele queira.

Um ponto de vista pode ser atraente para nós ou repulsivo; mas se é sincero na pessoa com quem temos de lidar, vale a pena nossa consideração. Muitas vezes isso nos torna apreensivos justamente porque é estranho e não estamos acostumados a ele. Mas se nos aproximarmos mais e se o estudarmos, poderemos encontrar por trás dele (tanto quanto do nosso) aquele 'toque da Natureza que torna todo o mundo uma família'.

É tolice implicar com um ponto de vista sem examiná-lo. Mesmo que ele lance uma sombra sobre nós ou sobre os outros, o único meio eficaz de dissipá-lo é lançar sobre ele a luz de nossa compreensão.

Estar entrincheirado no próprio ponto de vista é ser um prisioneiro. Estamos nesta posição principalmente por causa de falta de imaginação, e não por falta de bondade inata. Ainda somos seres humanos apesar de nossa estupidez, de nossa paixão e do nosso modo errado de pensar. Existe em cada um de nós uma centelha de indelével bondade que, apesar de nossa imersão na vida diária, permanece intocada. A compreensão é algo que pode ser cultivado, e em sua perfeição ela dá o poder de sintonizar, com a mais perfeita exatidão, com as necessidades e circunstâncias dos outros.

A experiência de cada um de nós deve ter-nos ensinado que nosso crescimento sempre foi acompanhado pela mudança; que, à medida que galgávamos o lado da montanha, nossas visões mudavam e se alteravam. Sendo assim, não há razão para supor que devamos aferrar-nos aos nossos pontos de vista atuais com uma lealdade que poderia ser dedicada a uma causa melhor. Afinal, para a maioria das questões há dois lados ou mais; vivemos num mundo multidimensional, embora vejamos apenas um pouco de cada vez. Antes que possamos atingir a plenitude de compreensão, parece-me necessário ter experimentado a verdade em princípios aparentemente conflitantes. Socialismo e individualismo, santidade e humanidade, liberdade e disciplina, e todos os opostos desse tipo devem encontrar reconciliação numa verdade que transcende, mas que expressa todos eles.

O ponto de vista da outra pessoa pode desvelar-nos profundezas de conhecimento que, de outro modo, estariam ocultas a nós. É desse ponto de vista que ela reage à vida, e suas reações podem expressar qualidades que não possuímos.

O ponto de vista de um gênio pode ser o ponto de concentração de todo um esquema filosófico – o topo, por assim dizer, de um sistema de pensamento abrangente em seu escopo. A verdade pode ser encontrada em muitos desses pontos de vista, pois cada um acrescenta algo à totalidade da verdade, e é suficientemente certo até onde vai. Toda a essência ou semente de uma filosofia jaz, muitas vezes, não tanto em uma ideia que é concreta e limitada, mas em um ponto de vista que abrange uma perspectiva de pensamento amplo. Às vezes, mesmo uma pessoa simplória pode mostrar-nos um valor que em nossa sofisticação elaborada podemos não ter percebido.

Um ponto de vista pode estar baseado numa atitude ou numa opinião. A atitude importa muito mais do que a opinião. Eu me arrisco a pensar que a maioria de nossas opiniões importa comparativamente pouco, porque nelas existe pouca permanência; em qualquer caso, a verdade tem mais valor do que nossas opiniões. Mas a atitude mental com a qual vivemos faz toda a diferença para a felicidade da sociedade e de nós mesmos. Tendo em conta uma atitude de franqueza, podemos ajudar os outros e também nós mesmos. Essa ajuda demanda compreensão, pois sem compreensão nossos melhores esforços para ajudar apenas atrapalharão; eles não podem obter êxito a não ser que estejamos preparados para considerar favoravelmente o ponto de vista da outra pessoa.

A compreensão da mente dos outros não precisa tornar-nos menos capazes de tomar nossas próprias decisões. Nem uma admissão da verdade do ponto de vista da outra pessoa enfraquece a validade do nosso. Tolerância jamais deve significar indiferença ao que é errado, e sim a compreensão de sua causa. O que é preciso é sentir com a pessoa por trás do ponto de vista; se fizermos isso, poderemos viver plena e alegremente, permitindo que os outros discordem de nós, não nos importando pelo fato de serem diferentes. Aliviamos a pressão sobre nós mesmos quando deixamos os outros viverem.

A era atual tem sido diferentemente descrita segundo o ponto de vista do qual seu desenvolvimento tem sido visto. Politicamente se acredita que sua característica mais marcante é a evolução da democracia. Embora este princípio tenha estado sujeito, em certos lugares, a graves desafios, ele possui um apelo suficientemente amplo para colorir a perspectiva das pessoas de todas as partes do mundo. Mas a democracia, para que seja bem-sucedida, precisa enfrentar certas condições essenciais. Uma delas é que, a cada indivíduo que cumpra seus deveres de cidadania, deve ser garantida a mais plena liberdade compatível com o bem-estar público, viver sua vida segundo suas próprias ideias e fazer sua própria contribuição ao estado. Ele deve não apenas ser respeitado pelo que é em si, mas é necessário que lhe sejam oferecidas oportunidades para desenvolver sua personalidade em todos os estágios; é preciso haver reconhecimento tanto do valor quanto da necessidade de seu estilo de vida e ponto de vista.

Nossa busca deve ser por uma ordem onde o ponto de vista de cada pessoa, representando sua experiência, tenha seu lugar na soma total da vida social e nacional. O ponto de vista de cada pessoa é amplamente o produto de sua experiência, e a vida é tão rica em experiência que ninguém obtém exatamente a mesma porção que seu próximo, seja em qualidade ou quantidade. Se o mundo humano não fosse um mundo de vida, e o problema da harmonia social fosse um problema mecânico, seria impossível encaixar com exatidão as diferentes peças do quebra-cabeça. Mas a vida é composta de seres que reúnem um milhão de células de diferentes tipos em um todo perfeito. A sociologia pode ser uma ciência tão verdadeira quanto

O Ponto de Vista dos Outros

a biologia, se começarmos com a admissão dos fatos e fundamentá-la sobre princípios naturais. Para consideração, eu sugiro o axioma de que o sucesso na vida coletiva deve depender da medida da plenitude da vida individual.

Temperamento, profissão, relacionamentos, circunstâncias têm relação com o ponto de vista adotado por um homem ou mulher a qualquer tempo. Todas essas coisas condicionam sua mentalidade. Se tivéssemos o dom de penetrar a mente da outra pessoa e ver como ela vê, estaríamos perceptivos de muitos aspectos da vida ocultos de nós no presente, e assim nos elevaríamos àquele pináculo de onde esses aspectos são percebidos. Infelizmente a maioria de nós se conhece tão pouco, e não conhecemos sequer nossas limitações nem nossas capacidades.

Religião e nacionalidade são influências especializantes que criam distinção e também separação. Contudo, os resultados dessa especialização são enriquecimento e diversidade. Deve chegar uma época – na verdade já chegou, com a derrubada das barreiras materiais – em que haverá a junção dessas diversidades numa unidade.

Nos dias de hoje, quando todas as partes do mundo estão unidas, o ponto de vista do outro exige mais atenção e respeito do que talvez estivéssemos preparados para dar nos dias menos prementes do passado. A paz mundial em cada um de seus aspectos – físico, mental e moral – e nosso próprio progresso dependem de lhes darmos o lugar que merecem.

Um Senso de Valores

Somente quando começamos a considerar os valores que consciente, ou inconscientemente, atribuímos aos elementos que penetram nossas vidas, é que começamos a viver de maneira inteligente. Mas a faculdade de um exame assim ainda é rara e, comparativamente, poucos indivíduos a possuem, embora a influência dessas pessoas estenda-se a um círculo cada vez maior, segundo o grau de seu dinamismo e o modo como sua influência é propagada.

O tempo presente é caracterizado, entre outras coisas, por uma busca de corações e valores mais ampla e mais intensa como jamais se viu. Todas as pessoas em todo o mundo estão agora numa situação em que existe a necessidade de uma radical construção de valores – que são as coisas nas quais acreditam e mais prezam– não tanto como uma questão de teoria, mas como é mostrado em sua conduta prática habitual. O cristão médio pode professar acreditar nos sublimes ensinamentos do Sermão da Montanha, mas a fé que verdadeiramente governa sua conduta pode ser vista no seu lar, seu jornal, seu escritório, clube e campo de batalha. O mesmo se dá com relação àqueles que professam outras religiões.

As guerras mundiais pelas quais passamos, as atuais condições mundiais e o perigo de uma outra catástrofe, mesmo excedendo em magnitude a última, tudo combina para fazer pensar na questão dos valores que são verdadeiros e que devemos esforçar-nos por manter em nossas vidas, eliminando as ilusões.

Dinheiro, poder de todo tipo, pompa e circunstância, vários prazeres e satisfações, todas essas coisas obviamente são tentadoras e são buscadas com energia febril. Elas são os valores que determinam nossa conduta diária lado a lado com qualidades tais como liberdade, verdade, respeito pela lei, dever, lealdade, gentileza, beleza e justiça, que ainda são nossos ideais. Mas esses valores dependem da verdadeira estima que o indivíduo neles deposita. Neste, como em outros aspectos, evoluímos apenas pela experiência como indivíduos e como sociedade, e nosso crescimento é registrado pelos valores que motivam nossas ações.

Os valores de uma sociedade primitiva são muito diferentes dos de uma sociedade influenciada pelas artes, pelos padrões de um modo de vida mais complexo e pelos efeitos das instituições estabelecidas. 'Valores' existem em toda sociedade e subjazem à psicologia e ao comportamento das pessoas que a compõem. O que esses valores na verdade são pode ser visto a partir de suas vidas, e são uma herança de sua história cultural e social prévia. Os valores que subjazem seu modo de pensar e motivos são aqueles estabelecidos por seus líderes e heróis; são também o produto de suas próprias tentativas e de seus experimentos. É preciso tempo para provar todas as coisas, para filtrar o verdadeiro do falso, daquilo que incrementa a vida e daquilo que a destrói.

Entre as nações do mundo, o povo indiano, e também o chinês, têm um senso de valores desenvolvido através de uma longa história de raciocínio e realização, que está refletida em sua filosofia e literatura, em suas instituições sociais e costumes, e em todo seu modo de vida. É verdade que, através de longa aceitação, esses valores tornaram-se convencionais e de algum modo perderam sua importância viva. O ideal de *ahimsa* ou não violência, por exemplo, de Gandhi, que foi um expoente tão notável, por mais que possa ser incompreendido ou até mesmo violado na prática, é o produto de certo reconhecimento que jaz nas profundezas da mente do indiano, moldada como tem sido ao longo de milhares de anos. Todo o conceito de *dharma* colocado perante os indianos pela tradição e por seu código socioreligioso está fundamentado num certo conjunto de valores concebido com referência a seus efeitos e repercussões de longo alcance – esse alcance cobrindo (segundo a filosofia indiana) não apenas uma vida, mas uma sucessão de vidas reencarnadas, e preocupado não apenas com ganhos e perdas, prazeres e dores temporários do homem, mas com sua felicidade permanente e seu progresso rumo à emancipação final da dor.

As duas guerras mundiais ocorreram para a libertação de indivíduos, tanto quanto de nações, para viverem suas vidas a seu próprio modo sem serem molestados, sem preceitos ou medo de violência, para pensarem seus próprios pensamentos e exprimi-los, desde que sejam compatíveis com o gozo de igual liberdade para os outros. Essa liberdade tem sido comprada com sacrifícios sem precedentes na história humana. Aqui, obviamente, está um princípio cujo valor, para a felicidade duradoura de toda a raça humana, tem sido exaltado e fixado por amplo consenso, e tornado a tônica de uma escala de valores por meio da qual as expressões de vida humana devem ser moduladas e governadas.

Esta escala de valores afeta todas as fases de nossa vida. Tomemos como ilustração a infância e o problema da educação para a máxima aptidão em sua vida posterior. Reconhece-se, cada vez mais, que quase toda criança possui em si a semente de uma unicidade que, se desenvolvida, será a sua posse e contribuição mais preciosa para a cultura de sua sociedade; pois essa originalidade em seus primórdios (até mesmo mais do que em suas manifestações posteriores mais pronunciadas e estabelecidas) tem um valor todo próprio.

Conformidade foi uma virtude quando foi preciso estabelecer a existência de leis naturais invioláveis. Havia respeito pelas leis, que na ordem natural eram invioláveis, e que eram igualmente a base de uma ordem justa e estabelecida na sociedade humana. Isso representou um valor essencial para o crescimento e a felicidade individuais, e jamais as transcenderemos.

Mas, se ao promover a conformidade a qualquer sistema de pensamento estabelecido, seja corporificado na educação ou em qualquer

Um Senso de Valores 21

outro ramo de nossa ordem social, limitarmos o livre movimento do pensamento, sua expressão própria e livre exploração, mataremos toda possibilidade de originalidade e variação, e em vez de servirmos à causa da vida (que é a causa de deleite e expansão), serviremos à meta de petrificação e morte. Assim, em qualquer sistema expansivo com uma escala de valores unificantes – unificante no sentido de criar ordem e harmonia, e não caos e discórdia – a individualidade, seja da criança ou do cidadão adulto, deve ter seu próprio lugar e valor fundamentais.

Existem certos valores que duram para sempre; mas todos estão resumidos na mais elevada felicidade humana atingível na Terra. Uma vez que cada homem (na verdade cada forma animada) busca mais vida, – e a felicidade experimentada no fluxo da vida – a busca instintiva por esse objetivo não é incompatível com os valores que promovem a felicidade universal e individual e o aumento de vida expresso, não em parasitismo, mas em criatividade e contribuição para o bem geral. Na verdade, qualquer civilização que corporifique valores assim não precisará ser mantida por supressão ou força, pois servirá às necessidades fundamentais do povo que dela participa.

Numa civilização assim se pode confiar que cada indivíduo aceitará esses valores por suas próprias observações e experiência. Não precisam ser-lhe impingidos pelos métodos adotados em estados autoritários para condicionar as mentes de seu povo. Uma lei verdadeira precisa apenas ser enunciada no estabelecimento dos fatos que ela ilumina e resume.

A guerra mundial, enquanto durou, elevou o contraste entre os ideais defendidos pelas nações combatentes respectivamente. Foi uma época de tensão, de visão e valores exacerbados. Quando vida, felicidade e fortuna eram largamente sacrificados, não se podia fixar valor mais elevado à causa do que essas bênçãos, normalmente tão estimadas em tempos de paz. Mas os valores experimentados quando os fios da consciência humana são tensionados e depois erguidos para reverência, estão prontos para se dissolver quando o momento tiver passado, e houver não apenas reversão à estreiteza de nosso viver trivial, mas até mesmo uma reação pela tensão imposta pelo esforço. Numa era de contatos fugazes, de competição incessante e dura, é mais difícil do que sempre foi, para qualquer indivíduo, ver com clareza e manter seu senso de valores. Todavia, os verdadeiros valores constituem o único mapa e bússola que possuímos para alcançar nossa meta última.

O Jogo dos Opostos

Ocultismo é uma ciência que diz respeito a coisas, fatos e fenômenos invisíveis, não abertos à visão superficial, e está cheio de aparentes paradoxos que requerem um refinado senso de equilíbrio para serem apreciados. Todas as verdades espirituais possuem uma qualidade de perfeição e uma face de Jano[1], que surgem de uma original dualidade na natureza das coisas – espírito e matéria, conhecedor e conhecido, agente e objeto de ação.

Primeiramente, existe a unidade. Sua primeira descida à manifestação torna-a uma dualidade; depois, a corrente de vida divide-se sucessivamente.

O princípio de harmonia ou equilíbrio, de compensação (do qual o *karma* é uma manifestação) é encontrado em toda parte na Natureza. Existem oscilações em toda parte, porque tudo é movimento ao redor de um centro de equilíbrio. No pensamento mais unilateral existe um equilíbrio subconsciente ou acadêmico na percepção do oposto. Nossa inteligência nutre-se de diferenças de quantidade e qualidade. Cada categoria implica seu oposto; calor implica frio, comprido é relativo de curto, o abstrato segue o concreto. Assim, quando temos a ideia de multiplicidade, subconscientemente, se não conscientemente, sabemos que é o oposto de uma unidade. Quando vemos evidência de mortalidade, postulamos, talvez sem qualquer propósito deliberado, a imortalidade. Quando percebemos a definição de objetos no campo de percepção, abstratamente pensamos na não definição ou indefinibilidade. Similarmente, a consciência de espaço e tempo faz-nos

---

[1] Janus, em latim. Foi um deus romano das mudanças e tradições. A sua face dupla simboliza o passado e o futuro (N.E.).

recuar ao que chamamos, mesmo se não conseguirmos compreender, de consciência além ou fora do espaço/tempo. Quando pensamos em resistência, pressupomos algo que não encontra resistência, que se pode mover para toda parte ou que é onipresente. Assim, dos vários atributos da matéria seguimos para o espírito.

Ora, postulamos esses opostos porque temos uma verdadeira razão – uma razão na Natureza, para presumir sua existência – ou uma mente dividida que pensa em categorias? Uma resposta para isso é que ambas as explicações são verdadeiras; o universo surge a partir do jogo das mesmas forças presentes em nossas mentes. Em ambos existem categorias; existe um antagonismo em ambos. Um dos contrários pode estar além, não claramente percebido mas sentido, e todavia lá está.

O antagonismo é realmente uma complementaridade; essa verdade surge a partir da hipótese de unidade. Se do número 1 surge a fração $^3/_7$, sabemos que a outra é $^4/_7$. Três e quatro têm diferentes importâncias ou efeitos nos arranjos da Natureza, mas $^3/_7$ e $^4/_7$ compõem a unidade. Vemos esse dualismo não apenas na filosofia, no sujeito e no objeto, mas através de toda a Natureza como homem, mulher; noite, dia; causa, efeito; e nos afazeres comuns do dia a dia. Os opostos começam com o relacionamento de separação, depois seguem para o conflito, cujo resultado é domínio de um, e revolta do outro, e eventualmente termina no perfeito equilíbrio da livre cooperação. Livre cooperação é um relacionamento no qual cada um retém sua individualidade de existência e ação.

Existem fases complementares da existência una no nível mais elevado: ser e ação, existência e energia, *Shiva* e *Shakti*. O processo de vir a ser, do qual a unidade tanto é a origem quanto o fim sintetizador, e a existência perene que é una com sua energia, são novamente opostos; pode ser que se conseguirmos ver a relação entre tempo e perenidade eles se fundirão em um só. Evolução e eternidade são possivelmente uma dualidade que tem raízes numa unidade básica.

No reino da ética, da organização social e política, toda virtude, toda verdade é parcial de um certo modo; isto é, existe uma virtude ou verdade complementar. Os aforismos em *Luz no Caminho*[2], 'Mata a ambição. Trabalha como aqueles que são ambiciosos', apresentam esta complementaridade. Cada um por si não é suficiente. É fácil ser enérgico quando se tem ambição para brilhar ou ser importante, mas difícil agir a partir de um motivo perfeitamente puro e altruísta. O artista que trabalha por amor à sua obra pode estar mais firmemente plantado na reta senda, diz o mesmo livro, do que um ocultista que apenas amplia os limites de sua experiência e desejo. Os motivos são muito sutis e no fim qualificam o efeito; matar o desejo de recompensa pode resultar em inação. Novamente, do ponto de vista do teólogo, o que é certo, Socialismo ou Individualismo? Existe verdade em ambos. O mesmo também se dá com o Monismo e o Dualismo.

O verdadeiro teósofo é alguém que evita todos os 'ismos', pois todo 'ismo' oculta um vazio. Quase toda a filosofia ocidental dos períodos pós-clássicos, por ser tão puramente mental, é um "ismo"; muitas vezes é o alongamento de uma simples ideia (ou às vezes duas ideias relacionadas) para explicar muito do que não consegue abarcar com propriedade.

O Senhor Buda pregou o Caminho do Meio de perfeito equilíbrio na conduta humana. O meio termo foi ensinado na Grécia como o caminho da virtude. Na prática é mais difícil, mas, matematicamente, produz os melhores resultados, porque evita revezes e reações. Geralmente o pêndulo mantém-se balançando e uma reação leva à outra. Quando somos equilibrados, vamos mais longe com um mínimo de energia. Chegar a excessos é mais fácil do que fazer uma pausa no limite da ação perfeita. Chegamos ao excesso porque somos ambiciosos para atingir resultados, ou por avidez de uma sensação que uma atividade particular induz em nós, ou por pura impulsividade, que é uma inclinação inconsciente para prolongar uma sensação existente.

---

[2] Editora Teosófica, Brasília-DF, 5ª edição, pp. 32-35, 2011 (N.E.).

Se dizemos que o autoconhecimento é o que se quer, não existe um eu separado, senão em relação a um "outro". Não podemos tocar o sujeito com nossa consciência, a não ser em relação a um objeto. Assim, o efeito do objeto é criar, ou melhor, trazer à luz a natureza do sujeito.

Um dos sete raios, ou qualidades do temperamento dos quais toda a vida tem sido dividida, é às vezes descrito como o raio dos opostos. Cada raio é um modo (entre muitas outras coisas) de compreender o processo universal, porque cada um é ativo ao longo de todo o processo. Nos primeiros estágios o jogo de opostos produz conflito como, por exemplo, entre a mente e as emoções; posteriormente alcança uma harmonia, o equilíbrio do andrógino perfeito. Mas, em cada raio, as virtudes de todos eles devem entrar em ação; consequentemente, entre outras qualidades, surge o equilíbrio que decorre de se ver pontos de vista opostos, de ação que não erra em nenhum dos lados.

Solidariedade total produz equilíbrio. Esse equilíbrio, que é a correção de toda forma de unilateralidade, surge da apreciação da qualidade de cada coisa e pessoa como é, sem comparações que qualifiquem a apreciação. Se você se abre à compreensão de cada coisa com a qual a vida lhe confronta sem resistência, como a um amigo que chega para contar sua história, a vida desenvolverá em você uma totalidade que será a síntese perfeita de toda experiência necessária. Finalmente, você consegue ser nada mais do que você mesmo; todos os moldes pretensiosos devem ser quebrados mais cedo ou mais tarde. Quando você é sensível aos hábeis toques da Natureza, que são as nuances de vida, após ter lidado com você nos contornos gerais, ela extrairá de você uma amabilidade inata, que se funde e combina consigo mesma.

A Atividade do Desejo

A sensação nasce do sentido do tato, que é a base de nossa relação com o mundo fenomenal. É um modo de resposta ao mundo externo e tem seu valor como meio de conhecimento, felicidade e crescimento, no seu lugar apropriado. Quando a sensação é psicologicamente elaborada, convertida em necessidade e indiscriminadamente misturada com o nosso processo pensante, é que o problema começa.

Quando a sensação é agradável, *Manas* ou mente – que é o instrumento de percepção – apega-se à sensação particular. O desejo de repetição da experiência surge como a forma ativa vitalizada desse apego. Toda repetição é essencialmente mecânica e pertence à natureza material; é, na verdade, uma forma de inércia. A memória é repetitiva. O desejo também é repetitivo. Ele tem seu ciclo de origem, crescimento, fim da satisfação, e renascimento imediato.

A atividade do desejo é produzida pela mente. Mesmo nos animais, o desejo surge por causa de uma mente subliminar.

Mente e sensação juntas geram desejo, quando a mente trabalha arduamente para se tornar sensação. A sensação é mentalizada. É o modo como a mente identifica a sensação posteriormente, retendo-a como base do pensamento e como memória. A mente tem o seu pensamento colorido pela sensação de prazer ou dor, e a reação a esse prazer ou a essa dor penetra o pensamento e o condiciona. Não fosse este o caso, a sensação existiria apenas por um momento, quando existe o contato excitante, e não produziria desejo. O desejo é uma força que remete ao passado e aparece como um fantasma do passado influenciando o presente.

É a mente que, em seu lado material (pois também está ligada ao princípio espiritual), une o passado ao presente, que associa uma coisa a outra por meio de observação e comparação. Ela rastreia a memória; cria teias de associação.

O desejo, que é um impulso criado pelo impacto da mente sobre a sensação, invade a mente. Ele assim se perpetua e se expande. A sensação, com origem no passado, estende-se ao presente. Suas vibrações originais continuam diminuindo (a não ser que sejam intensificadas) como os tons de um diapasão através do meio contínuo da mente. A mente relembra a sensação passada, e como a sensação está envolta em desejo, ela desfruta da sensação e se esforça por prolongá-la e intensificá-la. Através das associações feitas pela mente, o desejo penetra os conteúdos mentais. Então toda associação torna-se maculada e excita o desejo.

O desejo, se é desejo sexual, atua sobre o sistema nervoso. Toda sensação é uma excitação dos nervos, isto é, de todo o corpo. Quando a mente relembra essa excitação, quando se demora sobre ela na memória, o desejo sobe à cabeça e a excitação aumenta até alcançar o clímax. A mente torna-se escrava dessa excitação e não consegue funcionar separada dela. Ela se torna ativa e reúne os sentidos por meio de todo artifício possível, com o objetivo de aumentar o desejo e alimentá-lo.

Vemos isso ilustrado num show erótico ou numa revista erótica. O produtor representa a mente. É a sua mente que elabora e desenha cada detalhe que atrai os espectadores ao atuar sobre as associações em suas mentes, incita-lhes o desejo sexual, que por sua vez intensifica as antigas associações e se espalha para sensações novas. Cada detalhe torna-se uma corrente que aumenta o fluxo do desejo e da excitação, resultando num estado de interação, um vicioso círculo de ação entre a mente, instigada pelo desejo, e os nervos.

Quanto maior a excitação dos nervos, maior a vivificação do corpo e o desfrute da sensação corporal. Quanto maior o gozo, maior o apego ao gozo e ao anelo por sua repetição.

A 'arte' em qualquer romance erótico ou em qualquer tipo de apelo sexual consiste igualmente na ênfase de associações.

Assim, grande número de pessoas se deixa influenciar por uma luxúria intensificada e crescente que, eventualmente, as torna autômatos existindo para a satisfação da luxúria, "monstros" a quem nada deterá sob sua tirania incessante. Na ocasião oportuna a autoindulgência sufoca e destrói todo instinto altruísta. Pois a mente está entrincheirada na sensação. A luxúria torna-se crueldade, sadismo. Mesmo em sua forma débil, luxúria e indulgência produzem indiferença para com os outros, destroem o amor no único sentido verdadeiro, expansivo e belo do termo.

É através da mente que o desejo pode ser controlado e dominado. O homem sábio é aquele que não diz: 'eu desejo', pois é capaz de se separar do desejo. Logo ele aprende que 'sua' mente é um amplo processo de pensar que ele contraiu.

Quando o coração está pleno de amor que busca dar e não arrebatar ou desfrutar, que não busca intensificação do eu pela sensação enraizada no eu, todos os anelos devem morrer. Onde o sexo é um problema, o amor é o antídoto. Quando existe a sacralidade do amor puro – no qual existe ausência do eu – pode-se olhar, sem interesse (como através dos olhos de uma criança inocente), para todas as coisas que poderiam ser excitantes a uma mente afetada pelo sexo.

Na vida moderna, 'amor' está associado a posse e prazer. Mas seu verdadeiro relacionamento é coma ausência de desejo sob qualquer forma, sutil ou grosseira.

Sobre o KARMA

A Lei do *Karma* explica muita coisa e é moral e cientificamente satisfatória. A alternativa a ela, até onde podemos ver, é a regra do acaso, da injustiça e do caos. Mas o *karma* não nos explica tudo satisfatoriamente. O Príncipe Siddhartha, que posteriormente se tornou o Senhor Buda, sabia tudo a respeito do *karma*, que era uma doutrina bem recebida e amplamente aceita na Índia muito antes de ele ter obtido sucesso em sua busca pela verdade a respeito do sofrimento. Ele não estava satisfeito com o que podia ser aprendido com os outros, e assim partiu para descobrir por si próprio o segredo da dor, sua causa e cura. Ele descobriu a causa no princípio que é o sentido de 'eu', que é o núcleo de nossa limitada existência manifestada. Temos de penetrar – ou para colocar de maneira mais apropriada – dissolver esse núcleo para alcançar a verdadeira compreensão.

Conseguiremos evitar os efeitos do *karma* criados previamente? Minha resposta seria que o desejo de escapar de nossos problemas e dificuldades é uma fraqueza que prolonga e aumenta o *karma*. O desejo de evitar os efeitos das próprias ações é a influência de uma ilusão. O *karma*, por pior que possa parecer, é sempre beneficente porque corrige. É uma lei inexorável que ninguém consegue evitar; existe desde que a Natureza existe. Ao mesmo tempo em que agimos, a Natureza age sobre nós de um modo que corresponde à nossa ação, embora o efeito possa ser retardado pela natureza do meio material no qual ocorrem a operação e o amortecedor do tempo. Porém, temos plena liberdade para gerar, e estamos gerando forças novas o tempo todo, por meio das quais as forças velhas, até certo modo, são neutralizadas ou desviadas e modificadas. O efeito do *karma* é sempre restituição – a restauração de um equilíbrio perturbado.

Toda ação – que inclui todo pensamento – repercute sobre a consciência ativa, modificando e condicionando sua natureza. Mas a reação oriunda do universo externo – a desforra do objeto sobre o sujeito – busca desfazer aquela modificação, não conseguindo, porém, tocar o sujeito se essa tal modificação for um passo e não apenas uma reação a partir do exterior, no desenvolvimento do invulnerável ser interior. Portanto, não precisamos recuar diante dessas desforras que ocorrem quando aceitas inteligentemente, pois isso deixa intocada a forma pura de nosso ser, sua individualidade nativa, intocada; seu efeito é apenas liberar esse ser do invólucro de modificações no qual está confinado – um invólucro que não deforma esse ser, mas apenas impede sua manifestação.

Pensamos em causa e efeito como separados, por causa do elemento tempo, mas dizem que o tempo é ilusório. Se eu me atinjo na face, sinto o impacto de imediato. Não existe intervalo de tempo entre o ato de bater e o efeito sensorial. O *karma*, embora envolva tempo, opera com os mesmos resultados. Age como se o indivíduo fosse o único centro de um universo do qual ele irradia várias forças, que, atingindo alguma camada de resistência no universo, retornam sobre ele. Algumas dessas forças são retardadas pelas circunstâncias; algumas se misturam com outras forças, neutralizam ou modificam seu curso, mas todas eventualmente chegam até ele de uma maneira ou de outra.

O *karma* é uma lei que reflete a unidade do Espírito na multiplicidade da matéria, a unidade de um ser que é só no universo, mas que recria a si próprio através de cada centro contínuo no agente da matriz material. Eu uso a palavra 'recriar' para sugerir uma criação contínua a partir de um estado preexistente, uma sucessão de pulsos no processo criativo em cada um desses centros. A consciência que tem seu centro em toda parte e sua circunferência em lugar algum, que dizem pertencer a um plano espiritual muito elevado, tem sua correspondência numa infinita multiplicidade de centros. Esses centros parecem separados, mas sutilmente são um, e no estado de separatividade – de individualidade – a consciência age sobre todo o universo e vice-versa, de um modo que corrobora a verdade da unidade e sua solidão.

Visto que o homem é o criador de seu *karma* e não meramente a criatura do *karma*, é compreensível que haja certas partes de sua experiência que ainda devem tornar-se definidas e moldadas; e isso ele pode determinar no limite de sua capacidade. Certos eventos parecem ser definidos e outros estão dentro da probabilidade; nem tudo pode ser prefixado. Quando pensamos no plano divino como algo inalterável, estamos comprometendo-nos com a predestinação, que representa apenas um lado do que acontece. Pode-se dizer que certas forças já geradas estão gradualmente tendendo para certos eventos que não podem ser evitados. Como não estamos em condição de ver todas as forças que operam no universo, não conseguimos responder as perguntas quanto ao futuro com certeza absoluta. Sábio é o homem que, enquanto planeja desonerar-se de todas as suas responsabilidades, vive num estado de essencial indiferença a respeito do futuro. Ele é despreocupado como um pássaro, sem ser irresponsável, e pode recapturar a audaz qualidade de viver. Não ser oprimido pelo passado, do qual surgem os cuidados com o amanhã, é a maneira de experimentar as alegrias do presente. De todos os cuidados, aquele do qual podemos mais prontamente nos libertar, se tivermos o bom senso, é quanto ao que nos pode acontecer na passagem do período mortal da existência física para aquele que jaz além, uma passagem que a humanidade de maneira tão ampla, mas equivocadamente, considera como uma completa aflição e uma atroz causa de medo.

Vida e Morte

Do ponto de vista da verdade, que é Teosofia[3], a morte tem um caráter diferente do que comumente imaginam as pessoas de quaisquer crenças. O medo da morte é a coisa mais comum no mundo; na verdade, a morte é retratada como a rainha do terror. Na Índia, os costumes e ritos dedicados ao funeral imprimem pavor nas mentes dos enlutados com pompa quase primitiva, enquanto no Ocidente o horror com que é considerada está vestido com o silêncio de um pesar negro e sombrio. Mas, do ponto de vista do homem eterno, a morte é um incidente recorrente no caminho de seu progresso, e, como nos diz o *Bhagavad-Gita*, 'por que se afligir com o inevitável?'

Existem razões para pensar que a morte não é um incidente prejudicial, e geralmente também não é dolorosa. Na maioria dos casos a mudança deve decididamente ser para melhor; o evento em si deve ser um evento que traz alívio. Para o teósofo o mundo físico é o verdadeiro anel externo de trevas. O processo de inspiração (que é morte em suas fases sucessivas) é um processo de se aproximar mais do centro de onde viemos.

Em toda parte na Natureza existe a alternância de noite e dia, *Manvântara* e *Pralaya*, expansão e contração, limitação e transcendência, o eterno balanço do pêndulo. Toda a manifestação surge por meio dessa dualidade – o ritmo da oscilação de um polo a outro de qualidade ou de estado.

---

[3] Aqui se entenda que o autor se refere à Sabedoria Divina, que é a verdade, e não à literatura na qual se tenta percebê-la e descrevê-la, sem a pretensão de arrogar-se como sendo a própria verdade (N. E.).

Olhando-se a partir desse prisma, existe uma lei de morte e nascimento constantes, o tempo todo, em toda parte, nada havendo de estranho e terrível no processo.

Do ponto de vista prático, para os oniscientes administradores do *Karma*, a morte deve significar simplesmente o movimento de um peão, e provavelmente não é considerada por eles como um evento de grande importância. Pode até mesmo ser uma recompensa pelo bom trabalho prestado, a consequência do julgamento de que o homem fará melhor em algum outro lugar do que provavelmente fará aqui, se sua encarnação atual for prolongada. Em muitos casos pode muito bem ser o efeito de um evento ajustável, e até aí talvez sob nosso controle. De qualquer modo, se fizemos o melhor possível em qualquer circunstância, podemos esperar por melhores oportunidades da próxima vez.

A morte não rompe os laços humanos mais do que cancela obrigações mútuas. É um evento dramático na vida como nascer ou apaixonar-se, como o desabrochar de um botão de flor, ou o nascer e o pôr do sol. A morte não rompe o laço dourado do amor ou o elo férreo do ódio, embora a ligação física possa ser rompida durante certo tempo. Apesar de a morte estar sempre à nossa volta, batendo as asas, por assim dizer, para que não negligenciemos sua existência, ela mantém domínio sobre a vida essencial no homem, o espírito que é imortal porque é divino. A imortalidade é uma ideia que é proeminente na sabedoria religiosa hindu. Não somente os deuses atingiram-na ao participarem do néctar, como é poeticamente colocado; mas é também um feito heroico que pode ser alcançado pelos mortais que tenham a coragem intrépida e a perseverança necessária para o propósito.

Geralmente a imortalidade é considerada como libertação dos incidentes da vida física, embora algumas lendas – cuja importância original foi materializada por exposições exotéricas – deem proeminência à ideia de uma imortalidade física objetiva. Seja essa imortalidade objetiva um estado desejável, ou até mesmo suportável, é uma questão a ser considerada por

Vida e Morte 35

aqueles que, no sentido literal, aceitam essas histórias da sabedoria sagrada hindu a respeito de Markandeya e de outros que se diz terem superado a morte. É certamente uma clemência que sejamos capazes de iniciar a encarnação recém-banhados nas águas do Lehte, em esquecida inocência.

Toda vez que nos retiramos para dentro de nós mesmos é para nos expor no mundo externo para obter maior vantagem. A lousa está limpa, de modo que podemos desenhar sobre ela um quadro mais perfeito. Se tivéssemos de escrever sobre uma lousa já cheia de inúmeros caracteres indeléveis, estaríamos correndo o risco certo de criar 'confusão ainda pior' até que estivéssemos irremediavelmente perdidos numa confusão de doces e amargas memórias, alimentando remorso e reacendendo paixões. Na melhor das hipóteses nossa vida seria uma confusão, mais parecida com um pesadelo.

Parece razoável o conceito de imortalidade como um estado que pertence apenas àquilo que a merece. A qualidade básica – uma qualidade indefinível – que em qualquer trabalho do homem é considerada como lhe outorgando um título de perpetuação, é a qualidade de beleza, de inspiração, que comunica algo que é verdadeiro àqueles que são suficientemente sensíveis para perceber, que desperta a maravilha, e apela para um senso que é mais duradouro do que os deleites da experiência sensual. Sem dúvida, Beleza é Verdade e Verdade é Beleza, pois ambas são aspectos da mesma Vida Una.

A vida é um mistério, e nós a conhecemos em suas manifestações. Podemos pensar na vida como a existência e atividade do Eu por trás de tudo, que é um, imortal, eterno, e ilimitado, eternamente belo e criativo. Tem-se imaginado a natureza desse Eu como sendo Luz, Fogo, Som. A morte assiste-a em cada forma exceto em sua plenitude. Pois o processo de sua manifestação deve precisar ser uma limitação e uma retirada. Existem o *pravritti marga* e o *nivritti marga*, as sendas de ida e de retorno, uma atividade cíclica que é uma tentativa sucessiva de autodefinição da entidade ou consciência em questão, uma passagem da imperfeição para a perfeição relativa. A vida no mundo é vida numa prisão; a vida em qualquer forma deve inevitavelmente estar imensamente circunscrita. Mas em cada estágio o *dharma* é tornar a vida tão perfeita, tão bela, quanto possível.

Assim, à medida que passamos de estágio a estágio crescemos em conhecimento e capacidade, e, eventualmente, quando o quadro perfeito tiver sido desenhado, ele será belo em cada parte e como um todo, e toda confusão, trabalho, sofrimento e exaustão parecerão não apenas maravilhosamente vantajosos para realização tão gloriosa, mas talvez até mesmo diferentes do que parecem aos nossos olhos atualmente. Talvez mesmo agora, de algum modo misterioso, inimaginável, seja um processo de desabrochar de uma imagem oculta de beleza perfeita em sua sabedoria, força e amor.

Libertação

É possível pensar na libertação do ponto de vista religioso; do ponto de vista da psicologia moderna, ou de um ponto de vista mais interior que poderíamos chamar de teosófico.

A libertação, do ponto de vista exotérico religioso, ou seja, do ponto de vista do homem comum – que é essencialmente mundano mesmo quando veste o traje religioso – é mais uma fuga do que qualquer outra coisa. Para muitos desses homens, a religião torna-se um meio de consolação que se transforma em fraqueza, um manto respeitável para a inação, uma satisfação por um ímpeto do interior que não é diferente em qualidade de qualquer outro. O homem religioso considera a libertação como a retirada final do estresse e da tensão de uma vida difícil e insatisfatória. Mas essa retirada não é apenas uma derrota da própria proposta da vida e uma confissão de fraqueza, mas o isolamento de uma salvação individual que não diz respeito aos outros. Segundo este conceito, o homem que atingiu a libertação vive num estado de bem-aventurança egoísta desfrutando de seu deus para todo o sempre.

Libertação é um tema familiar também para o moderno pensamento psicológico, que tenta analisar os elementos que entram na composição do homem como uma entidade psicológica, e busca explicá-lo com base no que deve ser percebido em sua consciência comum e em sua vida subconsciente. O psicanalista auxilia o paciente a enfrentar suas frustrações e dissolver os complexos gerados pela repressão. A 'liberação' a que o paciente é levado torna-se muito frequentemente uma livre indulgência de quaisquer anelos ou paixões que até aqui estiveram presos nele.

Autorrejeição e restrição por um lado, autoindulgência e licenciosidade por outro, são todos extremos.

A Teosofia, que é a verdade que equilibra ambas, oferece um ponto de vista a partir do qual percebemos que o caminho para a libertação não jaz nem na luxúria nem no desgosto, mas no amor que transcende a ambos e confere à pessoa um equilíbrio nascido da harmonia interior, dando uma vazão construtiva àquelas energias criativas que jazem no interior do ser humano.

Em cada estágio de evolução, cedo ou tarde, pode-se viver num estado de equilíbrio criativo em seu próprio grau. Não aprendemos ainda a construir o tipo de sociedade onde isso seja possível; a reta educação deve ser o meio para esse fim.

A libertação pode ser vista tanto como um fim quanto como um processo. A compreensão do processo no qual estamos envolvidos abrirá uma visão quanto ao fim.

O processo é contínuo, é a senda descrita na filosofia indiana como a senda do retorno. A senda na qual o homem não anseia por mais experiência do tipo provido pelo mundo, mas, tendo chegado a um ponto de saturação, busca conhecer o valor e significado de tudo isso, e ao compreender, descobrir a si mesmo.

Ele então atinge o estágio de descobrir o que está sendo limitado e o que o limita.

Aquilo que deve ser liberado na realidade somos nós mesmos, como somos profundamente dentro de nós, e não como normalmente sentimos que somos. O puro fluir de nossa consciência tornou-se dividido e estreitado, e coloriu-se de apegos, repulsões, ganância, medo, convencionalismos e hábitos.

Libertação é essencialmente se libertar do carcereiro do egoísmo frio e venenoso do qual todo mal que vemos é apenas o resultado monstruoso. Nossa experiência diária pode ensinar-nos que o amor, como uma emoção ou força abnegada, é o único e supremo libertador de nosso egocentrismo.

Libertação 39

Infelizmente, nos dias de hoje, a palavra amor assumiu uma importância aviltada. Passou a conotar excitação sexual física, sua indulgência e um estado de possessividade baseado na ânsia por tal excitação. Não é o amor de São Paulo em sua carta aos Coríntios ou *bhakti* (devoção com autoentrega) do verdadeiro devoto.

O principal meio de libertação em relação ao nosso próximo só pode ser amor expresso em serviço, ação na qual o eu é esquecido e através da qual um Eu Superior é manifestado, resultando na criação de beleza e felicidade.

O Ocultista – o homem ou a mulher que almeja a perfeita aptidão espiritual – deve transcender o anelo de qualquer que seja o tipo, toda fraqueza que exija autoindulgência, e atingir um estado de autodomínio espiritual. Seu amor é doação de si mesmo em abundância, de si mesmo em sua pura natureza, na realidade nada mais possuindo. É a neutralização do veneno do senso de eu e a libertação do prisioneiro movimento de vida de suas limitações de tempo na eternidade.

Os direitos de posse, de asserção de si próprio e de ilimitada autoindulgência são em toda parte os mais desmedidos fenômenos da vida moderna e aos quais se devem a maioria de nossas dificuldades. Nenhuma pessoa sensível pode esperar uma perfeição impossível no atual estágio, nem fará bem algum pregar o ideal do *sannyasi* – renunciante indiano – ao homem do mundo. Não existe disciplina modeladora, não existe uma vida verdadeiramente espiritual nos dias de hoje que possa ser praticada pelo homem do mundo. O mérito dos *ashramas* (estágios de vida), na Índia antiga, era que os deveres designados para cada estágio – juventude, virilidade, maturidade e o período anterior à temporária libertação do corpo – eram calculados para preparar o indivíduo para os estágios seguintes e torná-lo cônscio o tempo todo de um propósito profundamente espiritual na vida.

O ideal do amor, na vida prática do dia a dia, deve significar o serviço de cada um a tudo dentro de sua esfera, consideração dos direitos dos outros, autocontrole, e particularmente cessação de crueldade e luxúria. Pode haver uma medida de liberdade espiritual para cada um se as condições de vida forem organizadas com base nisso.

Cada um deve descobrir em si próprio aquilo que é capaz de uma bela expansão, que será uma proteção e uma bênção aos outros e o meio de libertar a luz em si próprio. Nessa luz e expansão está a mais pura felicidade.

Há momentos, que raramente nos ocorrem, quando sentimos a bem-aventurança de um temporário autoesquecimento, seja através da devoção, do amor humano, ou do auxílio altruísta ao outro, e nesses momentos atingimos uma certa centelha que pode transformar-se numa chama brilhante. Quando esse estado for atingido, seremos homens e mulheres libertos.

Deus e o Homem

Dizem muitas vezes que esta é uma era não de Deus e de religião, mas do homem e seus triunfos. C. Jinarajadasa (falecido presidente da Sociedade Teosófica) expressou esta ideia lindamente ao descrever o tipo de religiosidade que seria a suprema realização dos tempos atuais como a realização de 'Deus, o Homem-Irmão'. Temos de aprender a perceber a luz de Deus nos rostos de nossos irmãos. A doutrina da transcendência, pelo fato de estar tão além do alcance do homem, prestou-se a todo tipo de perversão, e à imaginação de um estado de absolutismo além de qualquer relação com a ordem natural relativa. O homem criou Deus segundo a imagem de suas próprias fantasias e baixezas, e o colocou num pedestal de onde ele reina como um déspota caprichoso dotado dos atributos de seu adorador, ou onde permanece como uma abstração com a qual não precisamos nos preocupar em nossa conduta prática.

Toda verdade que está além da compreensão humana está fadada a ser assim travestida e desonrada. Uma criatura que percebe apenas duas dimensões não pode, vivendo num mundo de três dimensões, compreender tudo que acontece, exceto em termos fantásticos e altamente complicados. No entanto, a total incapacidade para compreender a realidade sólida não refuta sua existência. A teoria da relatividade não pode, por sua própria natureza, desestabilizar o absoluto, embora o absoluto descrito apenas em termos do que "não é", pode ser não mais do que uma frase para uma mente relativa. Podemos compreender nossas próprias limitações que impedem o conhecimento da Realidade; os sábios que compreenderam e assim transcenderam as limitações prestaram testemunho à Realidade em suas

42   *O Interesse Humano*

próprias consciências, vista como por uma luz refletida dessas mesmas limitações.

A tônica da mentalidade da era atual é a exploração do concreto e o estabelecimento das leis que o governam. Desde o tangível e concreto até o intangível e abstrato, tudo está na ordem do dia do moderno progresso científico e filosófico, desbravada extraordinariamente por Lord Bacon. Este método tinha necessariamente de começar a partir da demolição de crenças e suposições preexistentes que governavam as atividades daquele período, as quais diziam respeito não apenas às coisas objetivas, mas também aos homens e às mulheres, e sua negação abria a estrada, no campo das relações humanas, para a democracia entre outros concomitantes.

A era do homem começou, grosseira e materialisticamente, pela negação de Deus e de todas as coisas antitéticas às percepções exteriores nas quais sua consciência estava ativamente centrada. Mas, para alguns de seus pensadores avançados, a ciência tem progredido suficientemente desde aquela época para que se tenham tornado perceptivos das origens e leis filosóficas subjacentes aos dados científicos, estendidos atualmente muito além dos confins das descobertas iniciais. O princípio vida tem sido cada vez mais difundido com eficácia no universo mecanicista do século XIX e tem agido, cada vez mais, como o fator básico e criativo no esquema de evolução que a ciência tem proposto como uma de suas principais descobertas. Vida, mente e homem são crescente e sucessivamente as imagens em torno das quais se concentra muito do moderno pensamento científico.

Atualmente, a apreciação do homem – ao longo de um número crescente de avenidas convergentes – investiu-o de tanta importância que a concepção do que ele é, e como deve ser considerado, pode muito bem ser descrita como o fator crucial da civilização do futuro. A aceitação da visão de que o homem é um deus em formação (uma verdade fundamental no esquema teosófico) inevitavelmente tornará divina essa civilização. A natureza da divindade e a natureza do homem, em sua essência mais recôndita e não corrompida, serão então vistas como criadoras de uma unidade glo-

Deus e o Homem 43

rificada, e a vida humana será considerada como o solo para a nutrição de uma semente espiritual imperecível.

A natureza de Deus será um pouco conhecida, o suficiente para elevar a alturas transcendentes nossa consciência atual, quando a natureza do homem adquire uma certa aproximação de sua forma inata e arquetípica – a forma à qual ele será levado pela sublimação de suas experiências e pela integridade e incorruptibilidade em todas as suas ações. Deus só irá retornar ao seu lugar em nossas vidas quando honrarmos o homem como sendo feito à sua imagem e como um símbolo de sua presença – o homem como um filho de Deus, eterna e essencialmente uno com o Pai, e não como um renegado e rebelde contra as leis de Deus (ou leis da Natureza), buscando usurpar seu trono na presunção de uma individualidade separada.

A Grande Ilusão

'Conhece-te a ti mesmo'. Pelo fato de o *eu*[4] ser um fator condicionante de nosso conhecimento, nossas reações às coisas ocorrem segundo sua natureza. Do ponto de vista materialista da ciência do século XIX, o eu ou mente – os dois sendo considerados por ela a mesma coisa – era um produto da matéria ou do ambiente, relativo ao corpo físico perecível. O ponto de vista oculto era diametralmente oposto a isso, e desde então tem sido cada vez mais que justificado. O livro *Human Personality and its Survival*, de Myers, registrou um ponto crítico na perspectiva do moderno pensamento científico sobre a construção e a natureza do homem. Contudo, a sobrevivência do corpo não prova a permanência do princípio sobrevivente, que é o eu humano ou a personalidade. A ciência moderna não nos levou muito longe na estrada até sua natureza efetiva. Por outro lado, os antigos filósofos, notadamente na Índia, dirigiam suas investigações mais minuciosas para este princípio, cuja constituição foi dissecada e investigada por eles com cuidado exaustivo. A dissecção e a análise que fazem– nem sempre meras especulações, como alguns Orientalistas ocidentais tão prontamente as apelidaram – têm levado às mais surpreendentes descobertas. Essas descobertas não são menos espantosas e revolucionárias à perspectiva humana do que os resultados das pesquisas feitas pela moderna ciência, uma vez que tomaram o desvio que Copérnico, Newton e Einstein lhes deram em sucessão.

A mudança fundamental de nossa compreensão produzida por um estudo, como por outro, é a total destruição daquela base de egocentricidade sobre a qual o homem, na aurora de sua inteligência, tem buscado cons-

---

[4] No original em inglês: *self* (N.E.).

truir as teorias de sua própria existência. Ele é um infinitésimo num ilimitado *continuum* de tempo e espaço (ilimitado embora não infinito, segundo Einstein) e a consciência na qual sua individualidade repousa é tão efêmera quanto a Natureza externa, segundo as pesquisas da ciência subjetiva. Não será uma maravilha das maravilhas que a certeza no mundo da cognição humana – aquele fator primevo que penetra toda experiência de seu próprio eu – deva evidenciar-se como a maior de todas as ilusões? Isso é apenas um senso artificial criado por seus encontros com o externo, do qual as marcas são suas memórias.

Espaço, tempo e eu tornam-se todos ilusórios; aparentemente essas coisas constituem um triângulo de ilusão. Torna-se óbvio agora que, antes que possamos esperar compreender a natureza dessas ilusões, temos que buscar uma inteligência não afetada por elas, que possa, por assim dizer, abordar as extensões de nosso problema a partir de uma nova dimensão. A ciência oculta mostra-nos exatamente a existência desta possibilidade. À luz desta inteligência, que jaz incrustada em cada ser humano como um germe não desenvolvido, seu eu, como ele o conhece aqui embaixo, é apenas uma clausura de sombras, que ele busca manter e fortificar por todo meio psicológico em seu poder. Antes que possa compreender a natureza de tempo e espaço, em termos diferentes dos símbolos matemáticos, ele tem de preparar em si um estado de consciência que será capaz de captar impressões novas dos fenômenos que as constituem, e ler sua importância não afetada por modos prévios de as compreender.

Haverá de ser um estado de consciência no qual a faculdade de cognição esteja livre da servidão do apego às suas próprias percepções prévias, livre de qualquer ímpeto de uma inércia que imperceptivelmente a transporta sobre os limites de nova percepção direta, dependendo do contato entre sujeito e objeto de momento a momento. Terá de ser uma faculdade tão sutil que não aceite conexão entre ponto e ponto, no tempo ou no espaço, que ela não consiga perceber diretamente ou verificar por si mesma.

Uma percepção tão viçosa, penetrante e iluminada só é possível a uma consciência que tenha dissipado as trevas que envolvem a prisão de suas próprias limitações. Somente quando a natureza da limitante entidade pessoal é compreendida é que a faculdade de cognição, retirada de seus embaraços, estará suficientemente refinada ou suficientemente pura para compreender até mesmo o mais longínquo aspecto dessa relação eterna entre *ser* e *não ser*, que constitui a essência da manifestação.

Felicidade

Felicidade é aquela condição ou estado que é buscada por todos os seres vivos. É inerente à vida, que é um processo de movimento constante a partir do interior. Toda evolução é um processo de organização para a libertação de ainda mais vida.

Consequentemente, existe alegria no simples ato de viver a vida através de um instrumento perfeito. Apesar de rapinarem uns aos outros e da dor ocasionalmente sentida, as vidas de pássaros e animais em liberdade é alegre enquanto o homem não se intromete. É ele quem sai atirando e caçando, que os aprisiona em jaulas, que os tortura e os priva de mil e uma maneiras.

Mesmo quando o homem morre como mártir, ou inflige dor a si mesmo, age assim porque isso lhe dá prazer para assegurar seu poder sobre si mesmo. E experimenta uma felicidade interior que é maior do que a dor.

Maiores do que as alegrias da natureza física são as alegrias das emoções e da mente – a alegria da criação, da experiência estética, do amor. Cada uma é um tipo diferente de experiência.

Segundo a filosofia antiga da Índia, a natureza mesma da vida ou existência é bem-aventurança. Obviamente a vida é uma força cinética. Ela é também, como podemos ver, um cabedal de energia latente, um depósito de potencialidade, ilimitado até onde sabemos. Quando a energia flui de um modo que expresse essa potencialidade, existe alegria. Quando existe restrição há sofrimento ou dor. Essa restrição deve-se ou ao molde no qual a vida que flui está aprisionada ou a uma distorção sofrida por essa vida na tentativa de ser diferente dela mesma.

O que cria a distorção? No caso dos seres humanos esse molde é causado pela mente, que também é inerente à vida. Do ponto de vista da Teosofia (que é a sabedoria inerente a todas as coisas), sempre que existe vida existe percepção ou consciência, seja de sono ou de vigília, germinal ou desenvolvida.

Onde existe mente existe dualidade – eu e o outro, dentro e fora, uma coisa e outra. A mente não está contente em permitir que a corrente de vida flua em seu próprio curso ou em seu padrão natural, mas estabelece metas e objetivos segundo a experiência relembrada, e busca ser diferente do que é. Ela ou quer confinar-se dentro – o homem de *tamas* – [N.E] de certos hábitos que lhe dão a satisfação de tranquilidade ou estagnação, ou age segundo certas ideias ou desejos, que também surgem do passado, e se distorce violentamente no processo. Este é o homem ambicioso ou impetuoso – o homem de *rajas.*

Tanto no homem de *tamas* quanto no de *rajas* existe condicionamento ou limitação da mente e da vida do homem; em um caso pelo simples ímpeto de antigos hábitos de pensamento e ação, e em outro pelo funcionamento de sua mente sobre experiências passadas, produzindo ideias e desejos novos.

Quer o resultado seja estagnação ou ambição, estupidez ou desejo febril, existe um retrocesso ao processo natural de expressão livre e desimpedida do que está dentro da própria pessoa, o que dá lugar à infelicidade.

Estamos familiarizados com a frase 'vida, liberdade e a busca da felicidade'. É importante que os três estágios que se fundem em um – a vida, a liberdade de que se precisa, e a felicidade que surge a partir do interior e que não é meramente uma reação agradável a uma excitação externa – estejam todos agrupados. A Felicidade é inerente à vida, não precisa ser perseguida ou buscada; ela surge como resultado da *livre* expressão da vida, que só é possível quando a mente do homem não é condicionada pelo seu passado.

É importante que, do ponto de vista da filosofia indiana, a meta e o objetivo da vida tenham sido concebidos como *moksha* ou liberdade abso-

Felicidade 49

luta. Não era apenas libertação da necessidade de uma vida terrena e da labuta nela implícita, libertação do *karma*, das complicações da vida passada, mas também das limitações da própria incapacidade de viver sua própria vida num estado de liberdade tal como podemos conceber que uma flor experimente quando é seu próprio eu natural. 'Olhai os lírios do campo; eles não trabalham, nem fiam', contudo existe neles a exuberância da vida.

O problema não é a felicidade a que todos acreditam ter direito. Questionamos apenas a necessidade da dor. O problema é um problema de dor ou sofrimento, como foi há muito afirmado pelo Senhor Buda em sua sabedoria. Dor e sofrimento são a negação da vida pela limitação que lhe é imposta.

Essa limitação, que é a mesma coisa que *karma*, é imposta pela própria pessoa, por sua própria ignorância. Cada um é prisioneiro das próprias memórias, ansiando a repetição de prazeres passados, planejando prazeres futuros, construindo muralhas de segurança com medo de perder o que possui e fechando-se dentro delas.

Feliz é o homem que não é escravo de seus próprios desejos, cuja mente e coração estão livres de ansiedade a respeito do amanhã. Ser dominado por um desejo não é ser livre. Quando homens e mulheres são perturbados por seus desejos não conseguem experimentar a felicidade. A satisfação do desejo é apenas temporária; existe uma reação oriunda de cada satisfação; depois nos recobramos da reação e todo o processo repete-se indefinidamente.

A verdadeira felicidade não dá origem à reação, pois é a experiência de um florescimento que ocorre a partir do interior. Não surge de fora; avoluma-se a partir do interior, mas não do eu isolado. É um estado de liberdade, e não o preenchimento de um vazio dentro de si próprio. Também não é aliviar-se da monotonia. Não é a mesma coisa que prazer, por mais agudo que seja, que surge a partir de uma excitação do corpo físico ou de qualquer outro corpo.

A verdadeira felicidade não é um estado no qual o homem está separado do resto do mundo e indiferente a ele, como quando está sob a influência de drogas ou de bebida alcoólica. O estado da mais elevada felicidade é aquele em que a consciência é universal, livre como o vento, e pode identificar-se instantaneamente com cada momento passageiro – o voo de um pássaro, o tremular de uma folha, os sorrisos e as lágrimas de outros seres humanos. O homem que está concentrado na satisfação de sua luxúria não consegue pensar em nada senão na satisfação e em si mesmo. O anelo pelo prazer pode destruir a humanidade, seja no individual ou no mundo em geral.

O homem e a mulher livre não alimentam ansiedade a respeito do amanhã. Isto não quer dizer que eles não façam planos ou não vivam de maneira inteligente. Mas devem ter aquele interior dinamismo do espírito, que está desejoso de aceitar quaisquer que sejam as condições que tenham de confrontar. Somente isso lhes permitirá viver com tranquilidade, como homens e mulheres livres no verdadeiro sentido do termo.

Mesmo na ausência disso, podemos ser felizes de certo modo, aceitando a vida fácil e filosoficamente. Muito de nossa infelicidade deve-se ao modo como assimilamos os incidentes da vida. Um bom batedor do críquete consegue fazer a bola resvalar até a linha divisória batendo com o bastão num determinado ângulo. Se alguém faz um comentário desdenhoso, podemos ou "levar na esportiva" (o que faremos se não tivermos um senso de eu muito forte), ou podemos deixar que o comentário distorça nossos sentimentos até que se tornem um nó emaranhado que não pode ser facilmente desfeito.

Aquele que altruisticamente busca tornar os outros felizes cria felicidade para si próprio. Existe alegria crescente em doar; existe diminuição do prazer ao se tomar. A medida da felicidade de um homem não são suas posses. É possível dormir um sono mais tranquilo no chão do que sobre uma cama com colchão de penas. Dizem que Deus distribuiu suas prendas de modo muito desigual; mas Ele se aproxima muito da imparcialidade nas porções de felicidade concedidas a Seus filhos.

A libertação do desejo, se puder ser alcançada, é a chave para a o segredo da felicidade. O segredo jaz dentro da própria pessoa e em nenhum

Felicidade 51

outro lugar do universo, nem mesmo em Deus, pois o que chamamos de Deus não é a realidade, mas uma projeção de nossas próprias mentes. O segredo consiste em cada um ser ele próprio, o que não quer dizer tornar-se isto, aquilo ou aquilo outro, como planejado e buscado por nossas mentes ambiciosas.

Existe um vir a ser na Natureza que é uma questão de forma. O Ser é de vida em sua essência e pureza. Mas quando queremos competir, criar, experimentar, estabelecemos um objetivo fora de nós que buscamos atingir. E assim ocorre a luta, o conflito, a renúncia da felicidade que nos é possível dentro de nós mesmos. Desejar é ser arrastado para fora de si próprio. A cessação do desejo, pela compreensão de sua natureza, é a retirada do não Eu e a compreensão do Eu. Nisso está a mais elevada felicidade.

Existe um trecho interessante em um dos *Upanishads* que compara a felicidade experimentada pelos mortais, pelos *devas* e outros. A mais elevada felicidade, segundo esse trecho, é a felicidade do homem ou da mulher que compreendeu a natureza de Brahman, a verdade em todas as coisas e dentro de si próprio, e não mais está acorrentado pelo desejo.

Não ter desejos centrados no eu é amar a todos; pois é o desejo que separa aquele que desfruta dos outros a quem o objeto desfrutado pode igualmente servir. Quando existe amor sem posse e sem a busca de gratificação daquela posse, ocorre a bem-aventurança. A amar é doar livremente, e é na doação que está a experiência da felicidade.

A felicidade está na plenitude de vida. Vida é consciência e existe em todos os níveis, mental, emocional e físico. Plenitude implica plenitude do próprio ser, portanto a realização de todos os ideais – verdade, beleza e bondade – a harmonização de pensamento e ação. Então, vive-se a partir de um centro interior no qual não existe possibilidade de conflito, mas existe uma perene fonte de pensamento, sentimento e ação, tudo perfeitamente harmonizado, tudo instintivamente respondendo às necessidades um do outro e a cada situação, à medida que surge de momento a momento.

Juventude

Jovens são aqueles que recentemente deixaram o céu. Eles ainda têm em torno de si um toque das influências celestes. Por isso é que, através deles, o céu pode mais facilmente se aproximar da terra ou, inversamente, a terra pode ser elevada ao céu.

No geral, o mundo como o encontramos está distante do verdadeiro lar e daquela verdadeira meta de nossas aspirações. Pelo fato de o mundo ser rude, sórdido e cruel, queremos reformá-lo segundo o desejo de nosso coração.

Os tempos parecem estar em desacordo. O futuro, em oposição ao passado, ameaça fazer ruir a ponte que os une e lançar o mundo num abismo de luta e caos. Olhe-se para onde quiser, em qualquer departamento da vida há uma situação que atingiu ou vai atingir seu ponto culminante, uma polarização de forças opostas que deve ser resolvida por uma colisão explosiva ou por um rápido ajuste; em outras palavras, uma revolução, como por um monstro destruidor, ou por uma revolução rápida como um raio, mas pacífica – uma revolução como o desabrochar de um botão em flor, ou como o parto de uma criança.

Para uma mudança deste tipo, precisamos de revolucionários ousados e construtivos, cujas ações devam estar baseadas num plano inteligente, prometendo ordem e liberdade.

O plano é dar aos novos tempos a reconciliação de que tanto precisam. Deve estar baseado em princípios que resistirão ao teste da experiência, conservarão o mais refinado e o melhor da evolução do passado e ainda permitirão o livre progresso para novas ideias e experiências.

O mundo não pode ficar sem estabilidade, sem uma fundação para a vida social ou sem muralhas de proteção e conforto, nem sem a abóboda suprema de um céu para o qual possa olhar e se inspirar.

Precisamos de um novo céu e de uma nova terra – uma terra que refletirá a beleza, a unidade e a liberdade do céu. Estes devem ser o marco triangular dos novos tempos.

O passado condenou a si próprio; suas forças estão preparadas para a autodestruição. Da luta em *Kurukshetra* no *Mahabharata* permaneceu apenas o progenitor da nova era, que para nós é o elo com o Eu superior do mundo, sua personalidade celeste. Esse elo é o espírito jovem, verdadeiro e puro que tem dentro de si a essência de muita experiência prévia.

A juventude do mundo constitui esse elo, juventude não simplesmente do corpo de modo geral, mas a juventude do Espírito – aqueles que têm coração jovem, que têm em si o fogo autorrejuvenescedor. Dessa estirpe é que se constitui o reino celeste da humanidade, e eles não apenas o herdarão para si, mas o estabelecerão para todos.

Em toda parte no mundo, salvo nas tradições da Índia antiga, a juventude tem sido identificada com a inexperiência e a confusão que surgem da falta de sabedoria. Embora pareça ser assim na superfície, será que uma visão mais profunda não indica que nossa capacidade para a ignorância aumenta com o acúmulo de experiência não resolvida; que, à medida que viajamos cada vez mais nos labirintos de uma existência que pouco compreendemos, afastamo-nos da direção de uma verdadeira sabedoria? Embora em nossa passada juventude não tivéssemos conhecimento consciente dos fenômenos e processos do mundo, trancada em nossos corações está a experiência destilada do passado que é muito superior em qualidade à matéria bruta que acumulamos na vida precedente, já que leis e princípios que resumem um vasto campo de fatos são superiores aos próprios fatos.

Sendo assim, é no coração sempre renovado e sempre suscetível da juventude, ainda não envolto nos véus da ilusão tecidos pela ignorância mundana, que jaz o elixir puro e potente com o qual podemos regenerar nossos eus degradados e criar uma ordem nova e bela corporificando uma nova fase da vida una, divina, a partir do material em desintegração do passado.

A juventude pode ser a ponta de lança da era, não em virtude de uma mera impulsividade, de uma abundância de energia bruta, da fraqueza que se deixa levar por qualquer coisa nova e excitante, mas pelo poder que contém para aplicar a mais pura energia interior às condições que enfrenta, não restringida pelos modos com os quais experimentamos no passado, livre do peso dessa crescente mecanização por meio da qual todo impulso novo é enfraquecido logo após sua liberação.

Das Trevas à Luz

Na Índia, tínhamos o costume de dividir os períodos do mundo em quatro ciclos, dos quais o quarto é *Kali Yuga*. Essa é uma era de luta e confusão, de materialismo, representando o estágio do mais profundo enredamento do espírito humano ou divino nas armadilhas da matéria. Dizia-se que no *Kali Yuga* haveria uma intensificação de toda energia disponível que tornaria a vida difícil, embora para aqueles que fossem capazes de se empenhar para vencer as dificuldades, traria oportunidades para o desenvolvimento que as condições mais estáticas dos *yugas* ou eras prévias não teriam condições de oferecer.

Vemos na Natureza várias taxas de mudança e, proporcionalmente a essas taxas, períodos de tempo que temos de reconhecer com diferentes medidas. As medidas em termos das quais o astrônomo registra as mudanças que observa, digamos na posição ou no crescimento de uma nebulosa, as épocas em que o geólogo divide a história de vida de rochas e minerais, os períodos de evolução biológica das formas, e o ritmo do progresso humano, o crescimento individual e social, todos foram representados em diferentes escalas. O *Kali Yuga*, que dizem ser a era atual, é o tempo de vida acelerada.

Segundo uma outra classificação oriental, esta é a era de *rajas* ou mobilidade, distinta dos outros dois *gunas* ou qualidades, que são *tamas* (representando inércia e estabilidade) e *sattva* (ritmo e harmonia).

Rapidez é a ordem do dia no mundo moderno; corremos para pegar o trem, para participar de uma reunião, para vencer uma corrida, vencer nossos rivais nos negócios, ou até mesmo para nos divertir melhor. Temos ainda de aprender a usar este novo poder do movimento rápido com sa-

56   *O Interesse Humano*

bedoria e restrição, e assegurar nossa verdadeira felicidade. Quando existem tantas partículas humanas voando por aí, transportando centelhas e germes, inevitavelmente deve haver, durante certo tempo, um aumento de confusão e maldade, de grave desajuste e desarmonia. Estamos exatamente nessa difícil situação.

Porém, não precisamos perder a esperança. Após ter havido uma revolução completa o ciclo deve recomeçar, e dizem que quando o *Kali Yuga* tiver terminado (durante o qual haverá uma classificação completamente nova, um completo reajustamento baseado em novos valores para pessoas e coisas) surgirá o *Satya Yuga* ou a era da verdade, o milênio de ouro.

A palavra 'milênio' pode ser para nós apenas o nebuloso surgimento de uma visão que não corresponde aos fatos de nossa experiência atual. Mas quando tivermos obtido êxito em criar uma sociedade baseada em ideais capazes de ocupar as mentes dos homens, essa sociedade naturalmente tenderá a se consolidar e durar até que esses ideais gradualmente percam a forma e sejam tragados, e os homens que têm poder e influência, mas que são incapazes de representar esses ideais, sejam capazes de prostituí-los para propósitos pessoais.

Enquanto cada uma das duas guerras estava em andamento falouse de uma reconstrução que duraria por tempo considerável. Se alguma reconstrução desse tipo pode durar ou não dependerá da natureza da estrutura, de suas fundações, do fato de servir a seu propósito – que é a felicidade humana –, de como é planejada, e da qualidade do material com o qual é construída, que deve ser de seres humanos tal como nós.

Nenhuma estrutura consegue durar mais do que o material de que é composta. Se o material não consegue amalgamar-se, também não o poderá a estrutura. O que manterá o material unido e irá cimentá-lo firmemente é uma nova atitude, uma nova ideia, que deve ser a ideia de uma fraternidade universal, a mais ampla extensão daquele espírito de boa vontade, que nas terras cristãs é a principal influência do Natal. Se esse espírito conseguir triunfar sobre as forças das trevas que buscam arrastar-nos para os porões

Das Trevas à Luz 57

da separatividade e do crescente isolamento, mantendo-nos aí acorrentados, então o mundo testemunhará uma nova era de luz, de iluminação e alegria da qual todo o povo poderá participar.

Em um dos festivais mais alegremente celebrados na Índia – Deepavali, que literalmente significa 'circundando com luzes'– existe a ideia de que *Vishnu* (a Segunda Pessoa que é sempre o Redentor e o Rei Divino) derrota o inimigo da Paz e da Retidão – o Príncipe das Trevas, como poderia ser chamado. O festival, que é celebrado com banhos purificadores, roupas novas, visitas a amigos e conhecidos, luzes coloridas, jogos, e o consumo do que é chamado as boas coisas da vida, comemora esse evento.

As forças das trevas estão não apenas na Natureza, onde não estamos muito preocupados com elas – a Natureza de algum modo é obscura no sentido do não explorado, exceto àqueles que conseguem investigá-la com o puro olho do espírito – mas também em todos e em cada um de nós. São os instintos primitivos, as forças cegas, não inteligentes, as paixões elementais incrustadas nas partes grosseiras e materiais de nossas naturezas. Temos de expulsá-los com o poder de nosso Eu espiritual, antes que possa ser estabelecido em nós o reino dourado da sabedoria e da retidão. O Reino de Deus, que é o reino vindouro, está dentro de nós e fora de nós e, a não ser que suas leis sejam primeiramente estabelecidas dentro de nós, individualmente, é inútil esperar para que sua autoridade prevaleça no mundo externo.

Há no *Mahabharata* uma história do modo como o mais velho entre os príncipes vitoriosos finalmente conquista seu império. Ele solta um cavalo no estilo tradicional para andar a esmo. Qualquer um pode capturá-lo e mantê-lo amarrado. Mas, por meio dessa mesma ação, aquele que o fizer desafia o príncipe, e se o príncipe enfrenta e vence todos os desafios é reconhecido e coroado como chefe supremo ou imperador. O príncipe aqui é o fragmento do Eu divino esperando para penetrar em seu reino, o homem interior ou Regente Imortal, como o *Bhagavad-Gita* graficamente o descreve.

O cavalo é a mente, sensível, ligeira, capaz de ser usada para uma variedade de excelentes propósitos. Mas a mente está sujeita a ser capturada e presa à superstição ou ao erro. Os poderes que tentam impedir a supremacia do príncipe são as várias paixões que cavalgam nossas mentes. Quando o príncipe é entronizado como o regente de todos, o reino sobre o qual ele reina é o perfeito reino da retidão onde tudo está em ordem e em paz.

Estabelecer o indivíduo num estado de harmonia com seu próximo é tão essencial quanto o sábio ordenamento de seus afazeres. E uma harmonia assim requer a fundação básica da boa vontade. Quando irradiamos boa vontade para nossos irmãos humanos e para todas as formas de vida à nossa volta, somos harmonizados e sentimos a felicidade que estamos tentando transmitir aos outros.

O caminho para a paz e a salvação para cada indivíduo jaz dentro dele mesmo. No Cristianismo, advento significa tanto o nascimento do Cristo histórico quanto do Cristo universal – aquele segundo nascimento de cada indivíduo que é simbolizado entre os hindus por uma cerimônia chamada *Upanayana*, (literalmente 'levando' ou guiando ao longo do caminho de luz ou conhecimento espiritual no qual o discípulo é iniciado em tenra idade). Temos de nascer no reino dos Céus após o nascimento físico no reino da Terra. Na Índia, considerava-se que o momento apropriado para ser desperto para as realidades do Espírito era enquanto as sombras da prisão ainda não tinham sido fechadas em torno do jovem visitante, obscurecendo a divindade que pertence à nossa inocência.

'Nascer em Cristo' é a frase usada por São Paulo. O Cristo desta concepção está em cada um de nós, gestando em solidão; nosso nascimento no mundo de luz e ar é a abertura da flor de nossa alma. Essa abertura, sempre tão débil, dá acesso à câmara interior de nosso ser às insinuações que, começando com um murmúrio que mal pode ser discernido, torna-se um maravilhoso desenvolvimento melódico, apoiado por harmonias apropriadas, do tema da eterna unicidade individual. Esse princípio que é o Cristo dentro de nós (sendo parte do Cristo universal, que é o Deus imanente em

Das Trevas à Luz

todas as coisas) começa a desenvolver uma extensão universal, composta de relacionamentos com todas as outras coisas da vida universal.

Para cada indivíduo, esses relacionamentos formam um padrão que tem existido, todo o tempo, naquelas partes espirituais de seu ser onde um não pode ser separado do outro, uma vez que estamos aqui embaixo pelas muralhas de nossos revestimentos materiais. Portanto, é verdadeiro dizer que nada acontece em lugar algum do universo sem nos afetar fraca e misteriosamente muito embora infinitesimalmente.

Numa das epístolas de São Paulo, ele diz: 'Assim como o corpo é um e possui muitos membros e todos os membros desse corpo, sendo muitos, são um corpo, o mesmo também se dá com o Cristo. . . . Onde um membro sofre todos os membros sofrem com ele; ou quando um membro é reverenciado, todos os membros regozijam com ele'. Esta é precisamente a verdade que a humanidade como um todo, composta de tantas nações e raças, tem de aprender nos tempos atuais, e cada comunidade nacional tem de aprendê-la também, pois também está subdividida.

Estamos numa época em que todo o mundo está se tornando *um* em seu lado material. Mas precisa desenvolver um senso de sua unidade espiritual sem a qual, por mais engenhosamente que possa ser organizado para servir às necessidades externas, seria um corpo sem alma.

A Comunhão dos Santos

Santos houve em todos os tempos, entre todos os povos e crenças. O santo é alguém em quem floresceu o germe da divindade ou Cristandade, oculto em cada um de nós. Essa divindade revela-se como bondade e perfeição; uma vez que a perfeição humana engloba todas as virtudes e graças, existem santos de muitos tipos, alguns se sobressaindo em devoção a Deus, outros em conhecimento da verdade, e outros ainda em ação altruística de acordo com a vontade de Deus. Todas essas sendas são igualmente sendas que levam ao ponto mais elevado. Deus, devemos compreender aqui, não é a imagem artificial, mas o supremo poder que tem sede no coração do próprio homem e também em todas as outras coisas, visíveis e invisíveis.

Houve grandes homens e mulheres que devem ter sido amados por Deus, embora não reconhecidos pelos homens; deve ter havido alguns, entre os assim-chamados santos, sobre quem o halo foi lançado, por assim dizer, em antecipação, por seus ardentes seguidores. A grandeza nem sempre é reconhecida no seu tempo, nem sempre consiste no que parece ser.

Esses santos, embora possam não estar encarnados, ainda são presenças espirituais – como todos os homens – naquele aspecto de suas naturezas que está sempre voltado para Deus, só que ainda mais. Assim, eles estão unidos a nós de maneiras sutis, misteriosas. No reino do Espírito todas as suas manifestações formam uma unidade.

A ideia de que os santos, do passado e do presente, constituem uma comunhão ou associação é bela e consagra uma verdade maravilhosa. Mesmo em nosso mundo inferior, semelhante atrai semelhante. Muito mais ocorre naquele reino onde cada vida ou centro pulsa com magnetismo e

Comunhão dos Santos

poder. Deve haver perfeita concórdia onde existe perfeita compreensão e unidade de objetivo, que é a realização do plano de Deus.

Todas as coisas belas surgem da mesma fonte, e dizem que secretamente estão em afinidade entre si. No caso dos Homens Perfeitos, este elo secreto torna-se um vínculo vivo e consciente, resultando em perfeita cooperação mútua.

Os grandes santos são retratados trajando mantos brancos, por causa de sua pureza. No processo de evolução o conhecimento, a princípio, destrói a inocência, mas posteriormente, com a crescente perfeição do conhecimento, a inocência é recuperada e temos, com a sabedoria da idade, a combinação de todas as qualidades que marcam as fases prévias de nosso crescimento.

No momento oportuno, cada filho do homem atingirá esse estágio e herdará o reino preparado para ele, que não está fora, mas dentro de seu coração, 'preparado desde a fundação do mundo'; porque na consciência oniabarcante o futuro está simultaneamente presente com o passado.

Em cada um de nós existe o germe da bondade e da beleza espiritual; e, à medida que o nutrirmos assiduamente, ele se tornará uma bela planta e produzirá na plenitude do tempo a flor de sua unicidade, e lançará sobre o mundo um perfume diferente de qualquer outro que já tenha existido.

Uma maneira de nutri-lo é participar em serviços para Deus, de tal ordem que abram nos participantes cada canal espiritual e o inunde com vida crescente. Outra maneira está indicada nas palavras: 'Porquanto fizestes a um dos meus pequeninos, a mim o fizestes'.

Temos de aprender a nos doar em serviço, em todos os lugares e de todas as maneiras possíveis. À medida que assim fizermos, encontraremos o Senhor em cada forma, a cada momento, e sua presença estará refletida em nós em cada ângulo.

Além de honrar todos os santos – 'Não fazemos distinção entre profetas', disse o Profeta Maomé – é bom reconhecermos e compreendermos o valor do santo viver, isto é, uma vida de pureza e de serviço altruísta, especialmente nestes dias quando a pressão do mundo é tão insistente e se lança sobre nós de tantas direções, que a beleza do outro mundo desaparece na obscuridade.

Não precisamos orar tanto para os santos no sentido de lhes suplicar favores, quanto a pensar em suas maravilhosas qualidades, para pôr seu exemplo perante nós e buscar sua inspiração. Na medida em que pensarmos neles, sua bênção certamente estará conosco.

O homem, segundo o conceito oriental, é, em seu ser interior, uma pequenina estrela que nasce e se põe muitas vezes na vida terrena, mas eventualmente – sua claridade aumentada a um poder mais elevado, e livre do apego a uma personalidade humana restrita – assume o lugar a ele alocado nos céus. Essas estrelas constituem a glória de nosso céu espiritual. Segundo a ordem de sua claridade, elas iluminam os degraus que levam ao altar de Deus.

Verdade

O que é a verdade? Será meramente o que é conhecido como 'falando a verdade', evitar o fingimento, honestidade absoluta consigo próprio e com os outros? Estará ela no seguir uma linha de ação que se concebe como sendo correta, independentemente das consequências para si próprio? Será apenas uma abstração na qual buscamos amparo em meio ao insatisfatório fluxo do tempo? Haverá uma visão da verdade que abranja tanto nós quanto todas as outras coisas?

Quando dizemos 'Verdade', pensamos talvez num elemento do absoluto, na noção de que a verdade é primária, e não secundária ou derivada.

Quando uma pessoa se expressa como ela é, e parece como é, então, sem sombra de dúvida, ela é verdadeira em ação e verdadeira consigo mesma. Isto é *fazer*, que é o outro lado de *ser*. O que ela é dentro de si é a verdade de seu ser, e o que ela faz e parece aos outros deve fluir dessa verdade e ser modelado por ela. Sinceridade – toda falta de duplicidade – é, pelo menos, um elemento na expressão dessa Verdade que jaz no mais recôndito do ser, e não surge nas coisas externas.

Existe uma verdade em cada coisa, e essa é a verdade de seu ser; pode não ser a mesma como o que parece ser, ou mesmo o que parece fazer. É esta verdade em nós próprios que, primeiramente, temos de descobrir antes que possamos ver a verdade nos outros.

Toda virtude é uma forma de verdade. A virtude é essencialmente aquela qualidade por meio da qual uma coisa produz seu efeito, como quando dizemos: Há muita virtude nisto. É um efeito procedente da natureza mesma de uma coisa. Se a verdade é a natureza da coisa, então a virtude é a força que pertence a ela e a ela está relacionada, assim como Deus e *Shakti* (ou Poder) estão relacionados na filosofia indiana. Essa visão está em consonância com a raiz da palavra virtude, que é *virtus* ou *vir*, significando energia. É por meio desta construção que a virtude tem sido declarada (por Ruskin, por exemplo) como significando valor varonil. A virtude jaz no reto emprego e disposição de energia.

Se a Verdade é da natureza de nosso ser, e todas as virtudes são modos nos quais a energia desse ser opera, então todas as virtudes são formas de Verdade. Verdade é ser; virtude é fazer ou ação. Mas ser e fazer não podem ser separados, pois não se pode fazer ou agir senão como se é, em qualquer nível.

Devoção

A devoção pode ser uma coisa maravilhosa e bela, um foco espiritual que, em sua pureza e intensidade, é tal qual uma chama que se espalha rapidamente, seguindo adiante, superando obstáculos, e acelerando muito os processos destrutivo e construtivo. Tem sido chamada de a mais curta de todas as rotas para a meta, porque direciona todas as energias da pessoa para o objetivo da busca. Implica um estado de mente e coração no qual o fim está constantemente corporificado nos meios. Não é simplesmente um estado de busca, é um estado de conclusão e realização; uma condição na qual o derradeiro e o próximo estão reunidos e sintetizados, de modo que o resultado, que é uma consumação, é que permanece sempre satisfatório. É uma qualidade tão essencial quanto a sabedoria e a reta ação para o aperfeiçoamento de cada temperamento.

A devoção pode ser de vários tipos: a do devoto, que se expressa em amor absoluto e irrestrito; a do agente, que transparece em sua ação; aquela que assume a forma de compreensão que floresce no serviço, segundo a necessidade e ocasião.

É um fato que, de acordo com o caráter da devoção pessoal, será o objeto ao qual se é devotado, qualquer que seja o nome que se lhe dê; essencialmente, esse objeto é o que a pessoa cria com sua própria mente e coração.

A devoção a um líder ou a um instrutor, quando é pura, é sempre devoção àquilo que é verdadeiro, belo e bom em si próprio. A devoção a um ideal é proporcional à verdade que está corporificada no conceito desse ideal. Quando a devoção é fanática, é por causa de alguma inflexibilidade, algum desconforto na natureza do devoto estimulada e gratificada por seu objeto de devoção, segundo sua concepção. Mesmo assim, se a causa tiver um nome auspicioso, o que o atrai é aquilo que apela à sua natureza.

A devoção pode ser quase tão egoísta quanto o amor frequentemente o é; pode ser intensamente egocêntrica; pode ser uma atitude de impotência e dependência, e não de força; de parcialidade em vez de serviço equitativo; pode tornar a pessoa exclusivista, inflexível, irascível e até mesmo cruel, em vez de inclusiva e gentil.

Precisamos, então, desapegar-nos de nossa devoção e tentar ver por que somos devotados, qual é a exata natureza de nossa devoção ao objeto, seja uma pessoa ou um ideal. Haverá algum desejo ou motivo secreto que sustente esse relacionamento? Pode haver um desejo oculto de agradar com vistas a obter favores, a se aquecer ao sol da pessoa a quem a devoção é professada, ou pode ser a expressão mascarada de um temor sutil.

A devoção pode ser a uma pessoa que se sinta ser grande e nobre, plena de qualidades atrativas e inspiradoras. Pode ser a total autoentrega pessoal. Ou pode ser uma atitude de possessividade, na qual a pessoa se tranca com seu deus, com a exclusão de tudo o mais que não corresponda a esta troca privativa. Um tal isolamento da pessoa, dentro de um círculo de indiferença às outras manifestações da Vida Una, sempre tem em seu âmago um elemento pessoal, pelo menos um gozo que é essencialmente egoísta e autocentrado, e, portanto, um grilhão.

A devoção, para ser verdadeiramente espiritual, deve ter a qualidade de um amor constante, concentrado e altruísta que, em sua forma mais elevada, é filantropia e essencialmente impessoal. A devoção a uma pessoa ou ideal verdadeiramente espiritual purgará de nós toda escória. A devoção que é pura – e se oferece sem reservas – assimila a natureza da pessoa de quem procede até o objeto de sua devoção. A não ser que nossa devoção eleve e universalize nossa natureza, ela carece de verdadeira devoção, que, em última análise, é devoção à Verdade única.

A verdadeira devoção deve expandir toda a natureza da pessoa e expô-la como as águas ao sol, de modo que toda a superfície da natureza pessoal seja tocada pelos raios actínicos da Verdade. Que cada um crie, segundo o padrão de seu próprio coração, qualquer imagem ou figura de verdade

Devoção 67

da qual não busque obter ganho, e à qual possa entregar-se completamente. Então ele experimentará os ricos efeitos de uma tal autoentrega, a cujas influências ele se lança em aberto. Ele conhecerá as alegrias de uma vida vivida com um senso de unidade que é totalidade, um desamparo no qual não existem problemas.

Lealdade

A lealdade, quando não maculada por qualquer variedade de egoísmo – seja a um cônjuge, a um colega que esteja comandando, a um ideal ou a um grande Instrutor – é um artigo raro. Sem lealdade não pode haver firme dependência num mundo interdependente. Sem lealdade não pode haver força nas afinidades, princípio de coerência entre fatores diferenciados. Como todas as virtudes, a lealdade possui um aspecto universal e um aspecto individual; e é fatal endurecer o apego individual em detrimento de seus valores universais; é fatal converter o amor em posse, uma crença em reserva, ou uma convicção numa clava. Nossas lealdades não devem tornar-se padrões sob os quais venhamos a constranger as liberdades dos outros, ou critérios por meio dos quais os condenemos.

A lealdade não deve tornar-se exclusiva, não deve destruir a fraternidade nem a compreensão. Isto só é possível quando prestamos obediência a um ideal, que compreende todo interesse desejável como algo menor do que ele mesmo. A verdade à qual aspiramos deve incluir toda a verdade que percebemos com nossas mentes abertas; deve expandir-se, elevar-se e ser suscetível à transmutação, à medida que nossas percepções e experiências aumentem. A verdade, sendo maior do que imaginamos, precisará de muitos canais. O tema, sendo mais vasto do que a música que ouvimos, deve estar aberto a tratamentos em eterna variação. No desabrochar do plano de evolução são usados agentes para muitos propósitos. Nossas boas qualidades, inevitavelmente exageradas, precisam ser corrigidas e equilibradas pelos outros no desenvolvimento do trabalho.

Lealdade

A lealdade não deve tornar-nos rígidos, inadaptáveis ao propósito do desabrochar da vida. A lealdade a uma ideia pode ser também lealdade a uma convenção, preconceito, uma imagem abstrata que criamos para satisfazer nossos gostos e aversões. O homem cria Deus (a grande Ideia) segundo sua própria imagem para satisfazer seus temores e desejos.

Devemos evitar os perigos e embaraços de uma mentalidade dividida; recusar sermos colocados numa encruzilhada, como geralmente acontece com aqueles que são leais a uma ideia ou a uma pessoa e, contudo, acham que existe uma atração ou dever com o qual essa lealdade torna-se incompatível.

Quando falamos de sermos leais ou não, quem somos 'nós'? É a mente em nós que escolhe ou decide. A mente, embora associada a outros elos da cadeia da individualidade humana, é essencialmente o homem. Onde fica a natural lealdade ou o centro de gravitação para a mente? Naquilo que chamamos de Espírito, o foco espiritual da consciência manifestada. Uma vez que o Espírito não é pessoal, mas vivo, onipenetrante, infinitamente centrado, a atração a ele é atração a tudo que seja espiritual. Somente nisso está a direção do progresso, se quisermos elevar-nos acima do plano de mera expansão da mentalidade que é ativa na vasta maioria dos homens. A mente tem de ser enxertada no princípio espiritual ou elevada até ele. Portanto, não pode haver lealdade na mente do homem, exceto aqueles valores, corporificados numa pessoa ou teoricamente contemplados, que são cristalizações da qualidade espiritual imperecível, presentes nele mesmo.

Mesmo quando a livre autoentrega do coração é a alguém em quem se vê perfeição, essa autoentrega é à sua própria raiz ou origem. A verdadeira lealdade, em todos os casos, só pode ser àquilo que pode reivindicar lealdade ao refletir a natureza do espírito, que tem uma atração inerente pelo coração e a mente puros. Numa tal lealdade não existe exclusão nem a possibilidade de contradições e conflitos futuros; não existe artificialidade nem aviltamento a um fim indigno ou por meios indignos.

Nossa devoção e lealdade a uma pessoa são muitas vezes o desenho de um círculo em torno de nós mesmos, do qual os outros são excluídos.

Nossa admiração por uma pessoa muitas vezes implica desprezo inconsciente do outro, mesmo quando ostensivamente não fazemos a comparação. A lealdade pode ser interesseira; às vezes adulamos nosso Deus para obter uma porção de seu reino. O cancro do eu pode permanecer oculto na mais bela das flores. Devemos estar de atalaia para extirpá-lo.

A lealdade é uma daquelas virtudes de que fala *Luz no Caminho*: 'Em verdade as virtudes do homem são passos necessários, dos quais não se pode prescindir de modo algum. Contudo são inúteis se isolados. Toda a natureza do homem deve ser sabiamente empregada por aquele que deseja entrar no caminho'.

Quando toda a natureza é empregada sabiamente, a coisa torna-se sagrada. Nessa natureza não existe discriminação maléfica. Então a lealdade a Deus, ao homem, a si próprio e aos próprios ideais (ou pode ser a um cão) torna-se um fator estabilizante, unificado, a espinha dorsal de nosso desenvolvimento. Tornamo-nos para nós mesmos o caminho, a verdade e a vida, quando alcançamos o estado perfeitamente integrado.

Reverência

A reverência é um aspecto da emoção do amor; consequentemente, não possui qualquer elemento de medo. Ela surge de um sentimento ou conceito no coração daquele que reverencia quanto à grandeza ou preciosidade de seu objeto. Assemelha o respeito, e, embora possa ser expressa na observância de certas formas que são apropriadas – não artificiais e meramente convencionais –, ela não impede a proximidade em espírito nem a plena comunicação entre o grande e pequeno, comunhão que resulta da realização da pessoa menor com a vida maior. Pelo contrário, ela eleva a pessoa pequena à atmosfera de grandeza, transmutando-a com sua magia.

Ser inspirado com reverência não é ser temeroso. Majestade e poder pertencem a todo ser espiritual. O medo é o alimentador da aversão; se não se quer antipatizar com ninguém, que não se tema ninguém. Sem dúvida, é mais eficaz dissipar o medo pelo reconhecimento da unidade da vida do que pelo modo, muitas vezes seguido, de opor ao medo uma normal intensificação da autoafirmação pessoal, que é uma forma de orgulho, ou encobrindo-o com uma simulação de coragem.

A palavra *māno*, em páli, que muitas vezes é traduzida como orgulho, é mais do que orgulho na forma rude comum com a qual a palavra é geralmente associada. Ela inclui todo tipo de processo mental e distintivo, por meio do qual uma película é lançada sobre a condição sensível ou negativa [não afirmativa, (N.E.)] do homem verdadeiramente espiritual, cuja autor-realização só pode ser descrita negativamente [não afirmativamente, (N.E)] à incompreensão da mente ordinariamente obtusa, que está ocupada unicamente com variações de superficialidade. Pôr a si próprio em evidência, expressando qualquer forma agressiva, por mais sutil e refinada que seja, há de se tornar impossível antes dessa realização poder ser alcançada.

Reverência é uma qualidade interna, não uma atitude externa. Em geral é transformada numa postura de solenidade, uma subjugação de espíritos, restrição, desvalorização de si, onde não envolve um quase esquivar-se de longe da força com a qual o objeto de reverência magneticamente atrai e imprime sua autoridade. Muitas vezes é como a timidez de um flerte, simulado e artificial, pronto, logo que o gelo é quebrado, para se tornar uma liberdade que beira a licenciosidade e é essencialmente desordenada.

Reverência envolve uma apreciação, ou pelo menos algum vago senso da majestade e sacralidade do objeto de reverência, sua elevação, profundeza, força e delicadeza. É totalmente compatível com a intimidade, mas é um freio sobre os possíveis excessos de liberdade. Nenhum amor que não seja tocado por um profundo senso de beleza, ternura ou sublimidade – corporificado no objeto desse amor ou envolvendo-o – pode ser duradouro ou alcançar o ápice.

O genuíno princípio de vida, que está em tudo e em todos, exige tratamento reverente. É uma coisa delicada e preciosa que deve ser tratada com cuidado. Os grandes instrutores têm respeito por cada um de nós que estamos tão abaixo deles. Certamente, aqueles que tratam os outros que são seus iguais ou inferiores com pouco respeito, segundo nossa classificação, não conseguem mostrar respeito a seus superiores.

Reta Ação

O mais elevado tipo de ação é a ação que é direta e instantânea. Mas, antes de podermos atingir um tal grau de poder, devemos purificar-nos como instrumentos. Devemos começar com ação pura, sem qualquer desejo de benefício pessoal, ou qualquer tipo de autossatisfação que sua realização possa trazer. Uma reação assim é geralmente inconsciente, invisível como a sombra que segue a pessoa quando ela se defronta com a luz. Muitas vezes é sutil e difícil de analisar. Não deve haver qualquer elemento de apego ao prazer proporcionado pela realização de um ato. Quando é ação sem reação, então nada há que prenda.

Libertar-se do *karma* é libertar-se da reação, no sentido do retorno das forças que enviamos. Uma força que é enviada retorna porque atinge um meio de resistência, "um anel não passarás", que não consegue romper. Podemos considerar essa resistência como a vontade de Deus. Sempre há uma correspondência entre uma verdade subjetiva e um fato objetivo, porque o subjetivo e o objetivo derivam da única e mesma substância ou Realidade; são os dois lados de um plano indivisível, intangível.

Se você considerar cada ato como o envio de uma força, essa força deve ter origem na base da qual procede. A base e o alvo da ação serão correlatos. Se o alvo da ação estiver errado, o motivo originador deve estar errado, pois o alvo ou fim é uma projeção da origem. Assim, o alvo está no pano de fundo originador.

A ação prossegue com muita beleza e eficácia quando surge de um movimento interno espontâneo, do fundo de nossa natureza, isto é, daqueles elementos que estão ativos na constituição do indivíduo. Este movimento ocorre num plano que é, por assim dizer, perpendicular ao movimento da flecha que aponta para o alvo.

Qual deve ser a natureza do mérito da ação, as qualidades que devem marcar o seu mérito? Os termos em que a resposta a esta pergunta pode ser dada parecem diferentes, segundo o ponto de vista. Listarei algumas qualidades nas quais geralmente não se pensa com relação à ação potente e eficaz, e depois acrescentarei algumas outras.

Primeiramente, deve haver *inocência* – a ausência de qualquer motivo, intenção, desejo ou pensamento de ferir ou lançar a mais leve sombra sobre a felicidade de outra pessoa, muito menos coisas grosseiras tais como má vontade e malícia.

Segundo, deve haver *gentileza*, tornando a ação tão útil quanto possível à pessoa que é objeto da ação; mesmo que seja uma operação cirúrgica deve-se evitar toda dor desnecessária. Deve haver um temperamento que seja uma perfeita adaptação à necessidade da pessoa a ser auxiliada.

Terceiro, *lisura*, de modo que na adaptação não haja a mancha do engano ou da fraqueza.

Quarto, *inteligência* e *discrição*, sem as quais qualquer ação carecerá de claras linhas de definição e movimento, e não se moverá dentro de suas próprias fronteiras.

Quinto, precisamos de *perseverança* e *diligência*, pois como trabalhamos no tempo, toda ação tem de ser sustentada durante um período que testa o requisito força de propósito, e muitas vezes a meta só é alcançada após certas pausas e reflexões ou desvios de movimento.

Por fim, deve haver as qualidades de *justiça* e *responsabilidade*; sem a primeira toda ação é errada, e a segunda dá um reconhecimento das obrigações a nós imbuídas por cada situação, e a relação do ato particular maior com o esquema que, do ponto de vista mais elevado, é trabalho em apoio ao plano divino.

Conhecimento sem ação é não somente absurdo, mas é puramente mental e apenas pseudoconhecimento. Ação sem verdadeiro conhecimento só pode ser a reação de uma natureza composta, não clara, da qual as várias partes carecem tanto de coesão quanto de equilíbrio.

A senda da ação para cada indivíduo está entrelaçada por seu próprio *karma* e as complexidades desse nó complicado, no qual sua mentalidade divide-se e se enlaça. Ele tem de simultaneamente desatar esse nó – por meio do amor e do conhecimento verdadeiro – e trilhar seu caminho no mundo externo pela força de uma vontade e decisão espirituais. O verdadeiro conhecimento é o do filósofo que vê a verdade com o olho aberto da intuição.

Existe decisão instantânea quando não há dilema ou escolha, quando a direção precisa de um ato é uma determinação espontânea que se origina no interior, quando o estudo e a avaliação apropriados de uma situação produzem no interior da pessoa um movimento harmônico, que resulta na ação particular. Existe uma força de propósito que se mantém, quando os revezes causados por objetos ou obstáculos externos não tocam absolutamente a vontade. A vontade que é pura move-se numa vereda própria, autoisolada. Os obstáculos podem retardar a ação, porque estão no mesmo plano. Mas não conseguem deter a vontade fundamental. A força jaz na resistência, na concentração de energias e direção, não na violência; no equilíbrio do perfeito autocontrole em qualquer ação que controle ou toque os outros.

Inocência

Inocência é a qualidade inerente às crianças que, juntamente com sua inexperiência e naturalidade, são responsáveis por seu enorme encanto. Estamos todos familiarizados com a citação, 'A não ser que . . . vos torneis como criancinhas, não entrareis no reino dos céus', que é o estado ou consciência espiritual, que ao ser penetrado confere um segundo nascimento.

A alma vem a cada encarnação desprovida de memórias prévias – início melhor não é possível. Por causa de inexperiência e falta de percepção aprendemos os caminhos do mundo com muita rapidez; nossa grande necessidade é esquecê-los. A inocência não deve ser interpretada como mera falta de conhecimento; o conhecimento deve ser acrescido à inocência sem destruí-la.

Somos inocentes no *devachan* ou céu, quando nos despimos de nossa vestimenta de má vontade, preconceito e paixões pessoais. Mas, em cada nova encarnação, a consciência da entidade reencarnante torna-se imperceptivelmente aprisionada numa multifacetada colmeia de memória com grande quantidade de cera, que é manufaturada pela interação entre a consciência e as sensações que experimenta. É verdadeiramente da fina clausura desta memória, elaborada com o tecido de cada tendência embutida e transmitida, que a alma tem de ser liberta.

A reta memória é um dos passos do Nobre Caminho Óctuplo. Essa memória, na medida em que é subjetiva, corporificando cada impulso contínuo, é um organismo vivo, pulsante, que atua com automatismo mecânico. É verdadeiramente em nosso passado, a herança de nossos momentos de iniquidade, a que estamos presos e retidos. É a rede da qual precisamos

Inocência 77

libertar-nos. Colmeia, clausura, rede são todas figuras para descrever nosso aprisionamento psicológico.

Dizem que nossa memória, que é do passado, deve tornar-se uma veste fria destituída de qualquer conteúdo vivo. Devemos cessar de ter quaisquer reações aos incidentes aí registrados. Isto é libertar-se do *karma*, os elos e apegos do tempo. Involução nessas memórias que nascem do contato, para usar uma frase do *Bhagavad-Gita*[5], é involução no *karma*, que é autocriado. *Karma*, memória, tempo são todos contínuos com a rede de reações que constitui nossa entidade pessoal. A dissolução dessa entidade pessoal é verdadeira inocência. Quando o homem atinge essa inocência, ele considera o mundo com olhos não egoístas, sensíveis e receptivos; e todas as coisas na Natureza são seus tutores.

---

[5] Editora Teosófica, Brasília-DF, 5ª edição-2011 (N.E.).

O Amor Conquista Todas as Coisas

No mundo em geral, existem muitas dificuldades a serem vencidas, criadas pelas forças das trevas ou resistência e as forças de luz ou progresso, entre as quais os destinos da humanidade sempre oscilam para trás e para diante.

Pelo fato de ser lei, somente o amor é que consegue conquistar as forças das trevas.

Podemos perceber a lei por nós mesmos, pois o homem é uma partícula na qual a onda de vida universal está centrada ou expressa.

Em nós, também, existem luz e trevas: as forças que contribuem para a unidade, para a criatividade na beleza, e para a oniabarcante felicidade, surgindo por si mesmas e irrestringíveis; também os seus opostos.

Mas, em longo prazo, a unidade prevalece, a separatividade é destruída. Toda força enviada de nós retorna à sua origem com um ricochete infalível. Assim, aquilo que pode ser destruído pela força é destruído; mas o assassino é sempre a própria pessoa.

O amor é a única força conhecida do homem impossível de ser derrotada por qualquer ameaça, por mais terrível, ou por qualquer provação a que possa ser submetida. Em sua pureza, ele inspira ao sacrifício voluntário, convertendo-o em alegria.

Onde ele reina em perfeição, existe a bem-aventurança de uma consumação, uma integralidade, além da qual não há necessidade nem ímpeto de buscar experiência agregada. No amor existe a experiência da eternidade.

O que é verdadeiro com relação ao amor é verdadeiro com relação àquela forma temperada de amor, que é devoção, quando se rende à verdade, seja em sua infinitude ou como se manifesta em um caso de encantamento humano.

Pela força do amor, o microcosmo pode ser vencido. Por esse mesmo poder, à medida que se expande, o macrocosmo é conquistado, pois é divino. Aquele que se torna mestre de si mesmo pode tornar-se mestre de um universo, (o que é um modo de falar) pois então ele não mais é ele, como se conhece, mas alguém com o poder que é o mestre do universo.

Autodomínio implica autoconhecimento e autossuficiência; e nada do mundo é autossuficiente, exceto aquele eu ou natureza que tem raízes numa condição de amor e daí floresce.

Poder na Tranquilidade

Já me perguntaram: Se as pessoas que estão juntas são ambas negativamente perceptivas, qual seria a relação entre elas, o que aconteceria? Elas se tornariam intuitivamente perceptivas de pensamentos e problemas mútuos e permaneceriam quietas? Ou uma delas tornar-se-ia positiva e impressionaria a outra?

Neste contexto 'negativa' significa 'sensível'. Falamos de eletricidade negativa e positiva; a negativa é tão eficaz quanto a positiva; são apenas dois modos diferentes de manifestação. Da mesma maneira, cada pessoa tem duas qualidades em si: o poder para agir e a sensibilidade para receber. As duas, por mais modificadas ou inibidas que sejam, sempre combinam; são os dois lados da mesma natureza. Temos de aprender a ser sensíveis para compreender e agir. Ser negativo neste sentido não significa que somos vazios, fechados a influências ou sugestões, impotentes, ou mediúnicos. A qualidade negativa de consciência de que precisamos é estar vivos, alertas e cheios de vida, embora tranquilos como um lago na montanha, capaz de refletir verdadeiramente o que quer que esteja presente diante ou acima de si.

É raro que duas pessoas possam ser ambas negativamente perceptivas no mesmo grau e permanecer juntas, mas estar nessa condição em relação uma à outra significa um profundo senso da cor e beleza da mútua individualidade, uma comunhão sem imposição de mente assertiva sobre mente. Quando eu sou sensível a tudo que você é, e similarmente você é sensível a tudo que existe em mim, então realmente estamos num estado positivo. Eu compreendo você profunda e internamente; de igual modo

Poder na Tranquilidade 81

você me compreende. Alcançamos aquele sensível estado de consciência interior no qual existe uma interação que é delicada, potente e sutil. Tentemos ser assim negativamente perceptivos, e depois vejamos como reagimos e o que acontece. Então seremos capazes de responder a essas perguntas por nós mesmos.

É extremamente importante que adquiramos esse sossego de uma tranquilidade interior, para que o tempo todo não fiquemos irrequietos e perturbados. Quando estamos tranquilos, tendo erradicado as causas do desassossego, existe em nós aquele silêncio a partir do qual somente pode surgir a palavra fecunda. Dizem que, quando da criação do universo, do silêncio das trevas surgiu o ponto de luz. Das profundezas do Não Ser surgiu o Ser que é o *Logos*. No início era a Palavra.

Ora, o que é verdadeiro a respeito do universo é também verdadeiro a respeito de nós. Somente contra um pano de fundo de silêncio é que conseguimos ouvir a música da Natureza – assim como em um quadro deve haver um pano de fundo perfeitamente claro e límpido sobre o qual transpareça o esboço de tudo que vemos. Da mesma maneira, deve haver o silêncio antes que a palavra verdadeira possa ser expressa ou ouvida.

Se queremos ouvir música, devemos ser capazes de nos colocar nesse estado passivo; devemos ouvir não apenas com o ouvido, mas com todo o ser. Ocasionalmente, devemos ter experimentado aquela tranquilidade em nós mesmos quando cada nota emitida por um piano ou um violino se tenha sobressaído de maneira extraordinária, cristalina e distinta; quando soou em nossos ouvidos, atingindo o âmago de nosso ser. É desta maneira que temos de ser receptivos a tudo que está à nossa volta. Essa quietude interior é a negatividade que dá origem ao verdadeiro conhecimento e à verdadeira ação.

Tudo que podemos fazer para nos manter tranquilos é abrir-nos às outras pessoas à medida que chegam a nós, à Natureza, eventos e coisas em geral; tentar entendê-los com a totalidade da mente. Devemos permanecer tranquilos diante de cada pessoa e deixá-la, por assim dizer, fotografar-se em nossos corações.

Ser positivo não é ser autoassertivo. Devemos ser positivos em ação; devemos decidir-nos com rapidez e ser habilidosos na execução. Podemos fazer todas essas coisas, contudo devemos ser tranquilos em nosso autocontrole, perfeitamente calmos e serenos. No entanto, devemos ser capazes de ser rápidos sem perder a calma. Nossas afirmações devem ser como o som de uma nota pura emitida numa atmosfera de perfeito silêncio.

Sabedoria no Coração

A verdade, que está no âmago de todo ensinamento religioso é a mesma. É a fonte da qual todos os grandes instrutores espirituais trouxeram sabedoria vivificante, uma fonte aberta igualmente a todos os homens e mulheres. Quando o homem recebe essa sabedoria em seu coração, todas as coisas tornam-se novas para ele. Então, ele vê com os olhos de um recém-nascido espiritual. 'O Cristo em vós' de São Paulo traz uma nova visão, que gradualmente inclui toda a terra e o céu. O farol de seu poder revelará em ambos muitas coisas jamais sonhadas atualmente.

Ele verá então, entre outras coisas, que a terra é um céu em formação. Deve vir uma época quando não haverá nem tristeza, nem choro, nem dor. Pois estas coisas devem-se à ignorância que, por mais que possa durar, deve eventualmente desaparecer. Ignorância é essencialmente ignorância de nossa verdadeira natureza, que é divina. Essa natureza está profundamente oculta dentro de nós e só aparece ocasionalmente num momento de abnegação, de iluminação inesperada, num ato de completa autoentrega, ou numa onda de grande felicidade.

'Observa, eu chego rapidamente'. O lampejo de percepção de *buddhi*, sabedoria intuicional, surge subitamente, quando não é esperado. Pois quando esperamos, esperamos algo concebido em nossa ignorância antes da chegada do lampejo. Essa expectativa bloqueia a luz. Mas quando a mente está aberta à verdade sem expectativa predeterminada, então será iluminada.

Todas as coisas mais maravilhosas da vida ocorrem rapidamente, tal como o nascimento de uma estrela ou de uma criança, o florir de um botão, o fenômeno de se apaixonar. Mas existem também os processos lentos, silenciosos, que precedem esses acontecimentos dramáticos. Quando o Cristo ou o Deus dentro de nós penetra seu reino em nossos corações, Ele entra rapidamente, como a luz do céu penetra as trevas. Quando aquele que é o Cristo em nós prevalecer, não mais haverá sombras. Na Índia, dizem que os *devas* não lançam sombra porque brilham com uma luz que pode atravessar todas as coisas. Tal é a luz da verdadeira sabedoria que ilumina o interior de tudo que existe.

Quando a sabedoria governar o mundo todas as coisas serão rearranjadas de modo a fazer com que brilhe a luz que existe nelas e em todos os homens. Então elas existirão e agirão segundo a glória de Deus que está nelas e além delas, e em perfeita fraternidade entre si.

Deverá chegar para cada homem e mulher uma época quando mesmo a morte será superada, mas isso ocorrerá quando tiverem aprendido as lições da vida na terra. Aquele que triunfar, herdará o reino de luz que está dentro de si, e aí será, inconscientemente para si mesmo, entronizado como um rei espiritual, o homem perfeito.

Paz e Boa Vontade

25 DE DEZEMBRO, dia de Natal, é um dia em que uma grande parte do mundo está especialmente dedicada à paz e à boa vontade. As duas palavras, paz e boa vontade denotam estados que são inseparáveis entre si; não apenas porque onde existe boa vontade haverá ausência de conflito e portanto paz, mas também porque somente quando internamente se está num estado de boa vontade é que se pode experimentar a paz.

Todos querem sentir paz, estar felizes e harmonizados, mas esse estado não é possível, nem pode surgir através da bênção de alguma pessoa fora de nós mesmos, a não ser que dentro de nossos próprios corações estejamos plenos de boa vontade tanto quanto possível. Essa é realmente a verdade que subjaz à frase, 'Paz aos homens de boa vontade'.

Às vezes surge a pergunta: Não deveria a boa vontade ser vertida sobre *todos*, igualmente sobre o bom e o mau? O mau pode precisar de boa vontade até mais do que o bom. Qual é a atitude correta a adotar?

Devemos irradiar o bem a todos sem discriminação ou medida. Mas o que é o *bem*? Existe um centro de bondade em cada homem e mulher; e o que quer que conduza à sua expressão e expansão naturais é o melhor auxílio que pode chegar a ele (ela). Este centro ou núcleo constitui a parte duradoura do homem, o divino que existe nele. Sua expressão é em beleza, e em sua própria autorrealização ele experimenta a mais perfeita bem-aventurança. Também é o princípio em nós, por meio do qual somente pode surgir o conhecimento puro, seja do mundo subjetivo ou do objetivo.

Se de nós mesmos podemos emanar influências que conduzam à expressão desta beleza natural, deste puro conhecimento e desta inata beneficência, somos benfeitores dos outros. O primeiro passo para essa irradiação, ou um processo primário nela, é o sentimento – semelhante a um anelo – de uma boa vontade natural para com os outros.

A vontade ou a ação de alguém fazer o bem evoca o bem nos outros, e deixa intocado o mal, que porventura nele exista. A paz não pode chegar a uma mente cheia de má vontade, por mais que se possa desejar. Mas se pudermos estar plenos de boa vontade para com todos, sem limitação ou reserva, naturalmente encontraremos a paz que é a estabilidade de uma harmonia interior, um sentimento de coerência interior independente de circunstâncias externas. Mesmo naqueles em quem o mal é mais manifesto, é através dos elementos do bem que neles pode residir, que podemos comunicar a benção da paz. Dentro de cada homem que erra existe, oculto, um ser de boa vontade a quem a bênção da paz pode ser dada. Assim desejamos paz para todos, mas na natureza das coisas a paz só consegue alcançar os seus melhores eus. O eu inferior só consegue encontrar paz quando se funde no Eu Superior e dele se torna um reflexo ou, em outras palavras, quando se torna receptivo e capaz de fazer o bem.

Não é que neguemos a paz aos outros, pois somente quando em nós existe um estado positivo de boa vontade é que pode haver paz em nossos corações. Sem paz nos corações das pessoas é inevitável que externamente deva haver a progênie do caos, da luta e do crime. Estamos todos esperando por uma era de pura paz, que reinará durante longo tempo em todo o mundo, mas não se pode estabelecer uma paz assim, a não ser que haja uma dose de paz nos corações das pessoas. Certamente, este é um ponto sumamente prático a ser compreendido.

Geralmente amor é considerada uma palavra mais forte do que boa vontade, que é tida como um sentimento comum. Amor é uma palavra que tem sido muito mal usada, mas a palavra 'boa vontade' ainda não foi degradada. Poderá verdadeiramente haver amor no qual não haja vontade pelo bem do outro? O estado de genuíno amor é um amor beneficente que não busca impor-se, que dá ao outro a liberdade que deseja para si. É um

Paz e Boa Vontade 87

amor que está preocupado com a felicidade e realização do outro indivíduo. Quando se experimenta um amor assim, verdadeiramente, não é diferente da vontade que busca o bem do outro, que tem como objetivo aquilo que é bom para o outro.

Quando falamos daquilo que é bom para o outro, geralmente o diferenciamos daquilo que é bom para nós. É muito difícil determinar o que é bom, o que é bondade, ou onde jaz o supremo Bem. Temos de começar de onde estamos. Reduzamos o bem básico como instintivamente o concebemos para nós próprios, a termos fundamentais; ele deve também se aplicar aos outros. Eu busco a liberdade, eu quero felicidade. Portanto esses são elementos do bem também para a outra pessoa. Eu busco expressar aquilo que de melhor há em mim; ele precisa de auxílio ou oportunidade para expressar o melhor em si. A não ser que isso seja compreendido e expressado em nossos relacionamentos e atitudes com relação aos outros, existe uma falha fundamental. Muito embora possamos falar do que é bom para o próximo, não há verdadeira boa vontade onde existe lucro ou prazer à custa de outrem.

Até que ponto estamos buscando abolir a distinção, o antagonismo, que existe entre nós próprios e os outros em nossas vidas diárias? Terei eu um padrão para mim, e algo diferente para os outros? Eu quero conforto, lazer, estar cercado de afeição, alguém para pensar nas minhas necessidades. Mas quando penso na outra pessoa, será que penso em seu bem nos mesmos termos? Poderíamos dizer que pensar assim é um ideal impossível; pelo menos, compreendamos o quão distante estamos do verdadeiro padrão, do reto caminho para viver nossas vidas.

O mundo precisa de paz, e o requisito primordial para a paz é a boa vontade. Ela é necessária entre membros de diferentes nações, entre partidários de diferentes crenças, pois nacionalidade e religião, embora nos influenciem profundamente, são externas à vida do homem que busca expressão de diferentes maneiras. Essas maneiras são complementares entre si como as cores de um espectro, que juntas compõem a luz branca. Toda a vida é divina em sua essência e natureza, está envolta em véus de matéria, e deve algum dia ser revelada em cada filho do homem, em vez de ser eclipsada e obscurecida como ocorre atualmente.

Simbolicamente, o início dessa revelação é o nascimento do Cristo que, segundo o mito bíblico, passa por vários perigos e provações, antes de poder alcançar seu reino para reinar sobre os corações dos homens. Existe uma lenda indiana semelhante, com relação a Shri Krishna, que é considerado o Filho ou a encarnação da Deidade em sua Segunda Pessoa. Esses incidentes na vida do Salvador tipificam o fato de que, mesmo após esse Princípio Divino ser manifestado em um indivíduo, ele tem de combater as forças de sua natureza inferior ou material às quais se acostumou a ceder. Mas a luta finalmente termina com a vitória do superior sobre o inferior.

A principal causa de dor no mundo é o senso de separatividade. O sentido de *eu* em nós é uma prisão sufocante, mas vai chegar o dia quando esta limitação terminará. O amor é a única força que pode tirar-nos desta separatividade. Quando uma pessoa se apaixona, a outra pessoa torna-se para ela, pelo menos temporariamente, o centro de um interesse divino. Em um mundo de dualidade, com seu *eu* e *tu*, quando o senso de eu desaparece, Tu é a única coisa que resta. No entanto não existe um tu, mas inúmeros Tus. Num estado de amor espiritual ou universal, todas as outras pessoas são apenas uma pessoa, o objeto de amor.

A consciência liberta de suas amarras consegue focar em qualquer lugar dentro do círculo de suas infinidades. Para cada um de nós existe não apenas um foco possível, mas inumeráveis focos. Todos os Tus são vistos (quando a ilusão se desfaz) como reflexo do único Tu. Quando o amor é plenamente considerado, é o Bem-amado quem está presente em toda parte. Todas as consciências são reflexos da consciência una; todas as vidas expressões da vida una. O nascimento dessa consciência de unidade é o nascimento do Cristo em cada um de nós, uma unidade que pode ser focada em qualquer lugar como o centro de qualquer um dos inúmeros círculos.

Após nascer dentro de nós, e tendo superado a resistência e os assaltos de forças que pertencem ao lado obscuro de nossa natureza, o Cristo tem de crescer até que tudo em nossa natureza seja transformado pelo seu poder. Então será realizado o mandamento: 'Sede perfeitos como vosso Pai do céu é perfeito'.

Sendas para a mesma Meta

Aquilo de que o mundo mais precisa atualmente é de fraternidade, primeiramente no coração do homem e, como seu reflexo, em uma síntese de suas partes e funções dispersas desse mundo. Essa síntese deve ser produzida por meio de uma crescente compreensão de unidades, através da dedicação àquelas unidades das diferenças que jazem à nossa volta por todo lado.

O ritual da Estrela Mística[6], teosoficamente inspirado, apresenta, em forma cerimonial e simbólica, certas verdades fundamentais a todas as grandes religiões. À medida que é representado, mostra-nos que todas as religiões, todas as invocações necessárias, levam à meta única, centrada em torno do propósito único da integridade de viver no qual jaz a possibilidade de realização para cada ser humano. Seja o homem um servente ou um governante, um artista ou um curandeiro, ele deve dedicar ao Supremo sua vocação e as qualidades que são necessárias à sua realização, rompendo assim a divisão entre secular e espiritual que, entre outras barreiras, serve para estreitar e confinar o espírito humano.

Aqueles que participam do ritual ocupam seus lugares em um círculo no nível do chão; o altar fica situado no centro. O todo é uma expressão simbólica do fato de que em relação ao santo dos santos – que é a presença divina – nossas diferenças de estados e função externas são como arcos de

---

[6] Ritual criado por C. Jinarajadasa no início do século 20, que visava apresentar publicamente as verdades das grandes religiões, como provenientes da mesma Grande Fraternidade Branca, e ainda é celebrado antes de todas as Convenções da Sociedade Teosófica Internacional na Índia. (N.E.)

Sendas para a Mesma Meta

um círculo; que, mesmo a pessoa que dirige, é apenas um administrador entre iguais, prestando a mesma homenagem que seu assistente mais inferior àquilo que é, ou deveria ser, sagrado para todos.

O altar é velado por um pano que representa os signos do zodíaco, para mostrar que a Natureza, cuja revolução incessante é muito sublimemente simbolizada por essas estrelas, é apenas uma vestimenta de Deus, que é a Realidade oculta, as trevas que nenhuma luz humana consegue compreender. Gradualmente, a iluminação chega sob muitas formas segundo as necessidades florescentes dos tempos.

Esta cerimônia demonstra que existe apenas uma verdade que é apresentada sob muitos símbolos; existe apenas um caminho, e a fonte de nossa inspiração é uma e a mesma. Voltamo-nos para diferentes direções com relação ao altar, mas é um altar, embora com muitas luzes.

A Estrela Mística simboliza a luz que está distante e, no entanto, está perto, transcendendo todas as luzes menores que, imanentes no coração de cada homem, são apenas seus reflexos. Demonstra-se então que todas as crenças são igualmente o Caminho da Estrela, enquanto todos os grandes atributos – Poder, Sabedoria, Amor, Beleza, e Alegria – são como aspectos dessa Realidade Una.

Uma vez que o caminho está oculto no coração do homem, não é de admirar que ele tenda a vaguear por caminhos que com muita frequência levam à falsidade e à superstição, que ele confunde com a verdade. O ritual mostra onde jaz a essência da senda que todos os Grandes Instrutores proclamaram.

Toda bela forma ritual tem como utilidade mostrar que a verdade por ela corporificada está impressa naqueles que participam, mais eficazmente do que qualquer nua apresentação de fatos poderia realizar.

É chegado o momento em que será reunido, em um todo, o conhecimento conquistado em diferentes campos através das pesquisas de especialistas, para que possamos ver os diversos processos evolutivos como parte de um plano. Similarmente, as crenças do mundo precisam ser compreendidas como preenchendo as mesmas necessidades humanas; homens e mulheres, de diferentes nacionalidades e raças, desempenhando diferentes funções, têm de compreender sua inseparabilidade, sua complementaridade e valor mútuo. Descemos na diferenciação de todo tipo; devemos 'ascender' à unidade da fraternidade. O ritual da Estrela Mística tem por objetivo lembrar-nos e ajudar-nos a ascender.

Plano e Esfera

Imaginemos uma esfera lisa e perfeita colocada próxima a um plano geométrico. Num pedaço de papel, isto seria representado por um círculo tocando uma tangente, que certamente seria uma sessão bidimensional da figura tridimensional. A esfera e o plano são um símbolo apropriado da justaposição dessa natureza do homem, que devemos descrever como espiritual (embora na maioria dos homens dificilmente esteja manifesta), e o mundo de fatos e circunstâncias materiais no qual ele está encarnado. O ponto onde a esfera toca o plano é o ponto de sua percepção terrena, ou consciência.

Se o universo do passado, presente e futuro for concebido como um *continuum* quadridimensional, sendo o tempo a quarta dimensão, então o plano (neste símbolo de plano e esfera) representaria esse *continuum*, e a esfera algo totalmente além dele. Pode-se conceber a consciência espiritual, capaz de uma expansão infinita, como estando em muito mais dimensões do que aquelas com as quais estamos familiarizados. Mas, como essas dimensões e possibilidades são desconhecidas de nós, poderíamos contentar-nos em pensar na diferença em termos de apenas uma dimensão, além do plano de nosso conhecimento. A esfera em relação ao plano possui essa dimensão.

Obviamente, um cubo é o mais simples sólido retilíneo linear perfeito de três dimensões. Para uma consciência que pensa em termos de escalas de medidas definidas, é a mais simples figura tridimensional que pode ser usada para simbolizar a perfeição. Mas a esfera é uma figura mais natural, como podemos ver nos exemplos proporcionados pela Natureza (planetas, gotas d'água, etc.), sendo uma equivalente ampliação tridimensional de seu ponto central, assim como um círculo é uma extensão bidimensional uniforme de seu centro.

Sendo a perfeição, ou a beleza, a marca do Espírito quando se objetiva, a natureza espiritual do homem deve ser perfeita, ou bela, em cada uma de suas expressões, por mais limitada que seja essa expressão. Isto é simbolizado pelo fato de que cada sessão de uma esfera é um círculo completo e perfeito. O círculo, sendo um símbolo de eternidade e incomensurabilidade, a qualidade dessa perfeição é uma qualidade indefinível de eternidade, tal como encontramos numa obra de arte, que permanece, o tempo todo, expressando uma ideia cujo valor ou apelo é de significado universal.

Num círculo, cada ponto na circunferência está equidistante do centro: a esfera tem propriedade semelhante, indicando que na sua superfície todas as coisas de caráter fenomenal estão igualmente relacionadas ao centro dessa consciência, representado pela esfera. Portanto, esse centro pode ser considerado como o fragmento ou reflexo – o *ātman* ou mônada – a divindade na natureza interna do homem.

Esse centro está sempre diretamente acima do ponto onde a esfera toca o plano; o que mostra que cada reação desse plano, que é direta e portanto do efeito mais pleno possível, passa através do centro, dele evocando ainda uma resposta que desperta e desenvolve o ponto abaixo.

Mesmo se a reação do plano não estiver em ângulos retos com o plano – isto é, se não estiver totalmente como deveria – ela deve ter um componente que atravessa o centro e tem assim um efeito limitado sobre a relação entre o centro interno e sua imperfeita reprodução externa. O raio que liga os dois, sendo sua relação direta, não tem inclinação tangencial, isto é, não mostra inclinação às tendências de vida material ou mundana.

À medida que a natureza espiritual do homem cresce em magnitude, a esfera se expande. Se ela mantém o toque com o plano, sua expansão a tamanhos sucessivos pode ser representada como uma série de círculos tocando todos a tangente no ponto comum. O raio torna-se cada vez mais

Plano e Esfera

longo, o centro retrocede para cima, mas em cada elevação permanece diretamente acima do ponto de contato. Isto é, do ponto de vista da consciência inferior, o centro de seu ser ou o *ātman* aproxima-se da divindade infinita mas – para usar um termo astrológico – é sempre visto no meio do céu, alinhado com os mais elevados conceitos pessoais.

Quando o centro eleva-se rumo ao infinito, a esfera torna-se ilimitada em extensão e aproxima-se do plano no ponto de contato; para todos os propósitos práticos ela se identificou com o plano, num círculo cada vez mais amplo em torno desse ponto. Isto é, a consciência que é esse ponto expande-se em um círculo que inclui mais e mais do plano, até que alcança um estado de virtual onisciência com relação ao mundo no qual existe.

O Véu do Tempo

A Estrela Mística é aquela fonte de luz e vida cujos raios constituem todo o universo. Como sabemos, cada estrela física é em realidade um sol, e a Estrela Mística é o sol espiritual central do universo. Ela aparece como uma estrela por causa da distância; essa distância não é em espaço (como no universo astronômico), mas no tempo ou manifestação.

Cada um de nós é, na verdade, um orbe espiritual de luz e beleza. Mas quando tentamos olhar para nossa própria natureza espiritual sentimos apenas uma imprecisão distante, comparável a uma nebulosa. Existem milhões de pessoas que não conseguem sentir nem mesmo isso. Pois sua natureza está tão desorganizada e envolta em densidade que a luz não consegue penetrar a partir de um objeto tão sagrado. Mas, aqui e ali, há alguém que consegue sentir que existe uma natureza espiritual em si próprio e em cada homem e mulher, um Eu espiritual esperando para ser realizado.

À medida que crescemos espiritualmente – o que podemos pensar é uma questão de tempo, embora o espírito transcenda o tempo – essa nebulosa torna-se um esplêndido sistema estelar ou uma constelação. Isto é, no decorrer do tempo, a realidade espiritual torna-se o *Logos* de um sistema solar ou até mesmo o *Logos* Cósmico que inclui dentro de si inúmeros centros ou *logoi*.

Enquanto tudo isso ocorre do ponto de vista do tempo, fala-se de uma consciência que pertence à eternidade, de cujo ponto de vista o passado, o presente e o futuro são simultâneos, porque nessa consciência, o tempo, como o conhecemos, não existe.

O astrônomo depara-se com certas nuvens que lhe parecem uma nebulosa. Mas, quando ele visualiza a nebulosa com uma lente mais potente, descobre que não é uma coisa amorfa, mas uma galáxia. Se pudermos expandir nossa visão como faz o astrônomo e olharmos para aquela coisa vaga que é nossa natureza espiritual, veremos que ela é na realidade um esplêndido sistema de luzes. Apenas parece uma nuvem amorfa por causa da distância no tempo que separa o futuro do presente.

Se o tempo é uma ilusão, o futuro existe agora, simultaneamente com o presente e o passado. A pessoa divina em nós existe mesmo agora, fora dos limites do tempo, em toda sua glória e esplendor futuros. É o véu do tempo que separa o futuro do presente.

Remova o véu e observe: cada indivíduo é uma estrela numa multidão de estrelas que inflamam a esfera celestial, todas girando em torno de uma estrela polar que é a Estrela Mística.

Manifestação e Pralaya

Assim como o sol central do universo – resplandecente de vida, luz e glória – é percebido por nós apenas como uma estrela por causa da distância, a Realidade, da qual essa estrela é um reflexo e símbolo, é perceptível dentro de nossa consciência somente como um ponto infinitesimal por causa da distância que separa nossa consciência dessa Realidade. É a estrela em torno da qual tudo mais se move, quase inconscientemente.

Assim como os raios de um círculo estendidos ao infinito, em todas as direções, formam uma esfera imaginária com seu outro polo na infinidade, assim os raios dessa estrela, partindo em todas as direções, formam o que corresponderia a uma esfera em alguma nova dimensão, cujo outro polo está no infinito e para nós é imaginário. Mas quem dirá o que é imaginário e o que é real? O que vemos no espelho da mortalidade, de *māyā*, deve necessariamente ser uma inversão da verdade imortal. Shri Krishna diz-nos no *Bhagavad-Gita* que para o vidente com a visão clara, a noite é como o dia e o dia é como a noite.

Pode-se imaginar os dois polos – o polo do qual os raios são vistos estendendo-se para todos os lados, e o outro polo no infinito– como o polo (ou o centro) de imanência e o polo de transcendência. O transcendente e o imanente são o mesmo em essência; apenas um fragmento é que é manifestado no imanente. Shri Krishna, representando o *Logos* imanente e o transcendente diz: 'Tendo penetrado este universo com um fragmento de mim, eu permaneço".

Como não conseguimos conceber mais do que as três dimensões de espaço com as quais estamos familiarizados, pensemos na esfera como re-

Manifestação e Pralaya

presentando o universo, com todas as estrelas sobre sua superfície. O sol central seria o centro dessa esfera, e cada estrela na superfície da esfera um raio ou um reflexo do centro.

A estrela que é o ponto de nossa origem, embora uma, está refletida em inumeráveis corações. Seu reflexo ou raio em cada um de nós é nosso Pai no céu, o criador de nosso universo futuro. Inúmeras estrelas desse tipo na esfera, que se situam numa direção, formam um meridiano celeste; elas são de uma classe. Inúmeras estrelas desse tipo, em todas as direções, formando um círculo perfeito, constituem uma latitude celeste; elas formam um grupo. Pode-se conceber o centro de cada um desses círculos como representando um homem celeste. Inúmeros desses centros ou homens celestes formam a linha ou eixo de polo a polo da manifestação.

Quando o raio da esfera torna-se infinito e a esfera torna-se um plano, a manifestação cessa; quando o raio torna-se finito e o plano curva-se para se tornar uma esfera, ocorre a manifestação. Aquilo que é manifesto deve ser finito e curvo. *Pralaya* para *Manvāntara*, e *Manvāntara* para *Pralaya* – a expansão da esfera para um plano e a contração do plano para uma esfera, com o aumento e a diminuição do raio – constituem a vibração do tempo.

Cada um pode perceber a estrela central da esfera em sua própria consciência quando ela é perpassada pelas trevas da humildade[7]. Quando somos filhos da humildade, podemos também reconhecer a nós mesmos como filhos de Deus.

Todas as estrelas, que são apenas um reflexo da única estrela em inúmeros pontos, surgem no processo da autolimitação do Absoluto, a quadratura do círculo infinito. Desse ponto de vista, toda a manifestação é *māyā* ou ilusão. A matéria é apenas uma galeria de espelhos; a única luz ou Realidade é aquela que é nela refletida.

---

[7] Tudo parece indicar que o autor aqui associa a palavra "humildade" com a "penumbra", como se fosse um eclipse do eu pessoal, de modo que, ao não querer impor seu brilho sobre o outro, a humildade, na penumbra, torna-se receptiva a perceber a estrela mística central. (N.E.)

Evolução a partir de Cima

Tudo aqui embaixo tem sua contraparte nos planos acima. É um aspecto da Realidade, embora pesadamente velado, e até certo ponto distorcido e deformado pelos véus. Imaginemos a raiz de toda manifestação como o ponto básico de um lótus, embora não perfeitamente formado. Toda a manifestação pode ser concebida como correntes de força circulando através desse ponto, trançando-se e destrançando-se de inúmeras maneiras. Assim, um padrão, uma ordem, um cosmos é criado. A opinião de que a base de toda manifestação, de toda matéria como a conhecemos, é força, é admissível mesmo segundo a ciência moderna. Todos os fenômenos são a atuação da energia de vida fluindo em um número infinito de ritmos e vibrações. Um átomo é apenas um sistema de forças; todas as formas são criadas pelo incessante alento de Deus. O que quer que surja é apenas a criação das forças que descem em correntes entrelaçantes, por meio de seus mútuos ajuste e desajuste temporários.

Consequentemente, tal como é, o mundo é uma mistura daquilo que é como deveria ser – como será no padrão final – e muito precisará ser desfeito, reordenado ou remodelado. Em meio aos imaturos, ilegítimos e deformados, vemos as intimações celestes do próprio pensamento perfeito de Deus. Onde vemos algo totalmente belo, algo que nos arrebata, seja em cor, som ou forma, ou em suas correspondências em matéria, sentimentos, imaginação, pensamento mais sutil, temos uma ideia de Deus refletida como em um símbolo – algo que aponta para a Realidade em uma de suas miríades de aspectos.

Evolução a partir de Cima 101

Aqui e ali podemos ver não a obra perfeita, mas, por assim dizer, o esboço, o ensaio imperfeito, de uma realização que ainda vai ocorrer. Vemos também coisas que repelem e que, até onde podemos julgar, são combinações erradas, emprego errado, matéria fora de seu local apropriado, força impropriamente aplicada.

O verdadeiro, o bom e o belo são sempre um estudo apropriado para nós. O problema do mal e do sofrimento é muito mais difícil de solucionar.

Vejamos primeiramente aquelas sendas simples e diretas para o céu das ideias divinas que são os reflexos aqui embaixo daquelas ideias que percebemos ser totalmente belas e sagradas em sua natureza. Comecemos, por exemplo, a partir de fragrâncias puras como a rosa, o jasmim, o sândalo. Elas têm suas correspondências celestes. Conseguiremos reproduzir a irradiação espiritual, da qual uma bela fragrância física seja a correspondência ou contraparte? Por meio da imaginação poderíamos tentar pelo menos sentir sua natureza a partir do estímulo ou influência que a fragrância particular produz em nós.

Cada Adepto, que por sua própria definição vivificou sua natureza material com a espiritual, tem sua própria fragrância particular, não porque ele a seleciona como uma mulher elegante poderia selecionar uma para seus propósitos, mas porque é uma manifestação de sua influência, como apreendida por um de nossos órgãos dos sentidos, que é afetado talvez mais prontamente de que os outros.

Cada um de nós possui certos órgãos dos sentidos que transformam os efeitos de estímulos particulares ou efeitos vibratórios, no que chamamos de sensações. Não é inconcebível – e é muito provável – que o alcance de nossa resposta – mesmo a resposta física – será grandemente ampliado no tempo devido, mas existem potencialidades de impressões sensoriais diferentes daquelas que conhecemos, através de órgãos que não existem atualmente; em outras palavras, de novas pontes entre os mundos objetivo e subjetivo com as quais sequer sonhamos atualmente.

Nosso desenvolvimento jaz, em parte, no aumento das sombras de nossos sentimentos, em parte em nossa habilidade para construir novos tipos de formas com nossas mentes, e de aprender a importância da forma, som e cor que, nos meios particulares, são as transformações de sentimento e pensamento.

Esse pensamento infinito é comparativamente mais fácil de entender. Toda a Natureza em suas partes tangível e intangível é uma expressão do pensamento divino, é arquitetura que é música congelada. Compreender o significado e a música de cada frase nos livros da Natureza é um estudo sem fim. Porém, para a arquitetura e a música, existe não apenas uma abordagem intelectual, mas também uma abordagem emocional e uma abordagem espiritual.

Todas as coisas vibram, e todas as formas são formas de efeito vibratório. Cada uma tem sua mensagem para dar; cada ondulação amorosa, no ilimitado oceano de vida, tem sua própria história para contar. Quando cada vibração de matéria ou força for transformada, transmutada em pensamento e sentimento, em sensações subjetivas e estranhas das quais não é possível qualquer descrição, então o divino penetra o homem, o infinito penetra aquela expressão finita que é a verdadeira individualidade de cada homem.

O Plano Divino

Para toda a Natureza existe um plano básico que poderíamos chamar de o Plano Divino, consistindo de ideias que são os arquétipos de todas as coisas aqui embaixo. O esforço nos níveis inferiores é para construir essas ideias, desenvolver formas corporificando-as, moldando as formas gradualmente, do caos primevo ao padrão arquetípico. A evolução ocorre a partir do caos – Natureza homogênea – através de padrões cada vez mais complexos, até uma ordem perfeita que reflita a plenitude do desenvolvimento possível e a simplicidade de uma síntese perfeita. Há uma síntese em cada estágio formando um elo na cadeia de sínteses ou de arranjos.

Os *Manus*[8], da tradição hindu, são os mestres de obra em diferentes níveis. Podemos imaginá-los como círculos de diferentes tamanhos e curvaturas tocando um ponto, que é o princípio, correspondendo ao *Adi-Buda* na linha paralela do *Bodhisattva*. Cada um deles baixa os arquétipos do seu nível mais elevado para um nível inferior. Atrair para baixo as ideias ou energias mentais do *Logos* é, de um determinado ponto de vista, uma descida mas, de outro, a mais elevada intelecção no nível que deve atingir.

Pela expansão da mente e da vontade do *Manu*, ele evoca a efusão de ideias divinas, que o homem então busca reter e corporificar. (A derivação do termo *Manu*, a mesma do termo homem, seu derivado, no senso mais estrito, procede da raiz sânscrita *man*, pensar). A mente é o princípio descendente e o quinto dos sete princípios humanos, embora exista e esteja ati-

---

[8] "Aquele que existe por si mesmo", e é, portanto, o *Logos*, o progenitor da humanidade e o grande legislador hindu. Glossário Teosófico. Ed. Ground, 1995. (N. E.)

va em cada nível. Ela é elevada até *Buddhi* e *Ātmā*, e refletida mais embaixo em emoção e consciência física.

O Plano Divino, que se pode dizer ser eterno nos céus, é um esquema de evolução no tempo. Ele atua em e através das mentes e vontade dos homens, cuja evolução prossegue segundo seu livre-arbítrio em vários graus e pensamento individual. Mas, se toda nossa liberdade é compreendida por sua onisciência, e embora sejamos livres para escolher, Aquele que tudo sabe, sabe como escolheremos. Do nosso ponto de vista inferior temos de planejar o melhor, e tudo que é aceitável desse melhor é abarcado e descoberto como sendo parte de seu plano em florescimento.

Assim como a intelecção ou vontade do *Manu* – para ele os dois atos devem ser um – é um baixar do depósito infinito de pensamento divino, a perfeição que é alcançada aqui embaixo por nossos melhores esforços é a corporificação de uma perfeição divina que está sempre esperando para descer. O movimento ascendente da matéria é interceptado e mistura-se com a corrente descendente do espírito que, quando reflete a natureza da matéria, é fragmentada numa infinidade de formas e ideias divinas – e na união dessas forças, de baixo e de cima – é gerada aquela perfeição que é tanto objetiva quanto subjetiva.

O Homem e o Universo

Quando vemos o universo através dos olhos da ciência, o telescópio e o microscópio, descobrimos que é um universo de planetas, estrelas e galáxias, e de moléculas, átomos e partículas – infinitudes e infinitesimais – mostrando uma enorme gradação de magnitudes. É um universo de ordem majestosa, impressionante e, ao mesmo tempo, um universo de movimento; quaisquer que sejam os embates e as contradições que haja, todos estão dentro do escopo dessa ordem. Tudo tende a cair numa órbita estabelecida, num plano estável.

Este universo é considerado por alguns astrônomos modernos como sendo algo morto, exceto por um pequeno fragmento de vida neste e possivelmente em alguns outros planetas. Mas, segundo outra visão mais antiga, este é um universo de vida. A vida está em toda parte, mesmo na menor das partículas, embora manifestada em diferentes graus, sendo a matéria seu veículo ou agente. Uma vez que não se pode pedir uma prova material de uma realidade imaterial – mais do que se pode pedir provas da assim-chamada geometria espacial –, tem-se que aceitar esta visão da *essencial* independência da vida como uma hipótese, que quanto mais seja considerada em relação aos fatos de nossa experiência, cada vez mais se confirma a si própria.

Se a vida nada mais for que um simples fragmento de matéria, destinado a se consumir como fogo de palha, e se a vida está em cada partícula, ela é um universo de evolução. Sabemos que a vida em qualquer forma tem a extraordinária qualidade de não apenas crescer, reproduzir e adaptar-se, mas também de exibir, a partir de um estoque aparentemente inesgotável,

106   *O Interesse Humano*

uma nova espécie, uma nova capacidade, e novas maneiras e métodos de ação. A vida se eleva.

Vida significa consciência, a capacidade para responder, estar perceptivo, e consciência dá origem à inteligência. Embora vejamos essa consciência nas atividades da Natureza, vemos sua livre ação no homem, que constitui, atualmente, pelo menos segundo sua própria estimativa, o ápice do progresso evolutivo. Mas será este, verdadeiramente, o ápice ou haverá maiores alturas a serem galgadas? O futuro mostrará.

A inteligência, como a encontramos no homem, é capaz de pensamento, imaginação e sentimentos de um tipo que presumivelmente não é experimentado por nenhum animal. Por causa dela, o homem acredita ser separado do restante da vida – separado da Natureza. Sua inteligência, ou melhor, sua consciência, tem sido capaz de se separar dos processos de vida e vê-los a partir do exterior. Pássaros, animais e até mesmo insetos também têm inteligência. Mas é a inteligência da Natureza; suas ações, construção de ninhos, migrações, etc., não são pensadas por eles mesmos. Por mais que se possa explicá-la, a Natureza mostra extraordinária ingenuidade. O corpo e o cérebro humanos são produtos seus, não são criação nossa. O homem não inventou um mecanismo sequer que a Natureza não ultrapassasse com inacreditáveis artifício e sutileza. Por possuir uma inteligência que é livre, ele pensa que é separado. Mas sua separatividade pode ser apenas uma ilusão, exceto, certamente, pela separatividade das formas.

A vida faz evoluir as individualidades, cada uma com um padrão próprio. Através de cada padrão ela flui como uma corrente individual. Mas quando pensamos na vida separada a partir das diferenças e limitações da matéria, só conseguimos pensar nela como um todo homogêneo.

Imaginemos um vasto oceano de vida, encapelado, como se por uma tempestade, de vários moldes e configurações. Invertamos o quadro, de modo que o oceano esteja acima e as formas e configurações abaixo. Deixemos que o oceano represente a potencialidade e o fundo de energia que se vê na Natureza, e as formas – que também são água – a vida vertendo-se e manifestando suas capacidades. O quadro corresponderia ao que encontramos na Natureza. Existe um fundo de energia na retaguarda da evolução que parece elevar-se a níveis sempre novos. Trouxe-nos à posição atual a partir da qual inspecionamos o passado. Esta tremenda ascensão não pode dever-se apenas à ação ambiental ou à mera adaptação.

Mais do que ser um universo de vida, como o encontramos manifestado na matéria, este é um universo de consciência em expansão, desabrochando sobre uma faixa enorme do mais primitivo estremecimento ao mais elevado gênio. Não há limite para a ação da livre consciência, para o que ela pode criar e o que pode experimentar. O que é significativo para ela é o que chamamos de valores, e esses valores foram resumidos como verdade, incluindo todas as leis; e beleza, incluindo todas as formas de graça; e bondade, como manifestada nas formas de ação inspiradas pelo amor. Cada um desses valores é um mundo em si mesmo.

Cada valor, tudo que é significativo para a consciência humana, pode ser devido a uma ação de unificação dentro dela, a criação de uma harmonia. É a consciência de uma unidade dinâmica, de uma unidade na diversidade. Existe um princípio na Natureza que representa unidade e integração absolutas, o polo oposto à matéria. Pode-se conceber todas as energias e a vida, que também é uma energia, como que fluindo dessa fonte.

Este princípio está também no homem. É o espírito no homem, e ele tem a capacidade de se tornar seu agente. Quando ele assim o faz, torna-se uma inteligência espiritual – livre da sujeição às limitações da matéria e tendo acesso ao mundo dos valores, como um raio condutor poderia ter acesso ao relâmpago nos céus. Uma inteligência assim cria segundo a lei de sua própria existência – a lei do espírito, a lei de unidade. É ação que faz expandir a unidade.

Enquanto a inteligência não estiver plenamente desperta, e a consciência humana estiver sob as leis da mecânica, o homem será ignorante; ele usa sua mente para satisfazer seu desejo de sensação e não meramente para satisfazer uma necessidade grosseira. Ele então entra em conflito com o universo. A relação entre eles é de reações mútuas que também podem ser chamadas de *karma*.

Mas quando ele compreende o relacionamento que jaz na unidade do espírito residente, a coisa torna-se um relacionamento de harmonia e revela os valores da unidade. Ele então se torna um cooperador da Natureza e seu livre-arbítrio torna-se uma força para a evolução. Ele se torna um deus, perfeito em virtude, conhecimento e ação. Ele auxilia os outros pelas forças liberadas do centro espiritual em si.

A alma liberta é uma lente para a luz do Espírito que a transforma em seu próprio espectro individual. O universo não é uma concha, nem uma massa de movimentos sem sentido. Segundo o ponto de vista antigo, baseado numa profunda acuidade de percepção, este é um universo que é tão complexo quanto o próprio homem, com tantos níveis quantos são os níveis de consciência humano – o macrocosmo como contra o microcosmo[9]. O homem não conhece seu relacionamento com ele.

Sendo todos os homens, igualmente, as corporificações do Espírito Uno, que é vida em liberdade, fora das limitações da matéria, estão todos unidos por um elo invisível que sutilmente os perpassa. Na verdade, como toda a Natureza é viva, todas as coisas estão unidas de tal maneira que, em essência, constituem uma unidade.

A evolução de cada coisa, de cada individualidade, ocorre num esquema de relações com os outros, esquema esse que também está em evolução. O processo inteiro é um movimento em conjunto, progredindo para uma ordem sinfônica da qual cada nota terá sua importância máxima em relação a todas as outras.

Mas estamos ainda no estágio de cada um descobrir sua própria nota ou acorde, sua qualidade e gênio inatos. Através de tentativa e erro, cada um está aprendendo a tocar aquelas notas que são as notas de seu ser mais recôndito com as quais ele será capaz de criar música no futuro.

Quando o homem compreender que ele é uma porção do Espírito uno universal, ele será, como alma liberta, uno com o universo, nele vertendo suas energias para o bem de tudo que vive, tornando toda a vida um pouco melhor por sua consciente unidade com ela.

---

[9] O autor parece se referir aqui ao homem comum que ainda se sente em conflito com o Universo, porque depois que expande a sua consciência ele passa a sentir-se uno com o Cosmo, como afirma logo abaixo: "Quando o homem compreender que ele é uma porção do Espírito uno universal, ele será, como alma liberta, uno com o universo..." (N.E.)

Espírito, Espiritual e Espiritualidade

Quando descrevemos uma filosofia como sendo espiritual ou falamos em se viver espiritualmente, o que queremos dizer com a palavra espírito? Existem frases tais como 'Espírito Santo', 'espírito das idades', 'os espíritos dos mortos', 'o valor espiritual das cerimônias', etc. Portanto, a palavra 'espírito' é usada em vários contextos, com diferentes conotações.

Quando examinamos os pensamentos mais iluminados sobre este assunto, descobrimos que sempre existem duas ideias associadas à palavra: (1) vida; (2) certos valores ou qualidades, que distinguem tanto objetos quanto ideias – não apenas qualquer qualidade, mas qualidades de uma certa classe ou ordem, verdade, beleza e bondade, como na Grécia; existência, consciência e bem-aventurança, como na Índia.

É senso comum que, se o conceito de um princípio espiritual – com atributos definidos – possui alguma qualidade, verdade ou força, deve ser inerente à natureza das coisas, especialmente à natureza do homem que percebe esses atributos. Viver espiritualmente deve então ser uma vida que mostre esses atributos em cada nível dos processos que constituem um ser humano – pensamento, sentimento e vontade, assim como a expressão dessas coisas no comportamento e na ação.

Aquilo que o homem é e faz constitui a medida de sua espiritualidade, e não sua conformidade a alguma forma religiosa ou padrão externo. Na verdade, pode-se perguntar sob que condições a conformidade com uma ideia externa é um auxílio, ou empecilho, àquela união do interno e do externo que é a essência da religião, como implica a própria palavra 'religião'. Pois religião é um elo ou união, e nada pode ser uma união mais natural do

110   O Interesse Humano

que aquela que se obtém quando, aquilo que está no interior, encontra sua própria expressão natural e espontânea em algum modo exterior. Assim, o pensamento torna-se uma palavra e uma ideia, uma melodia – do mesmo modo que também o Espírito torna-se seu próprio agente, a alma, que é seu veículo imediato.

As religiões, como as encontramos, não em sua fonte idealizada, mas na prática, são uma corrente, como o Ganges [Ganga], que transporta muitas coisas, e nem tudo em sua superfície é bom para ser engolido. Podemos ver como as religiões tecem seu encanto – com seu apelo aos sentidos. Elas usam música, beleza de linha e forma na arquitetura de seus templos e catedrais, em estátuas e imagens. Adornam-se com flores e luzes. Brincam com nossas esperanças e temores, apelando para que renunciemos ou abandonemos o eu. Elas inculcam várias verdades e virtudes sublimes.

Apesar do uso de pompa e artifício, que podem ser vistos tão amiúde juntamente com ortodoxias estabelecidas, e o apelo aos motivos menores centrando-se em torno do bem-estar e segurança próprios, as religiões não teriam sobrevivido como uma instituição unificadora – e mantido seu domínio sobre as pessoas – senão pela ajuda que oferecem rumo a um estado naturalmente moral e espiritual.

Esse é um estado não distorcido, no qual podemos realizar em ação e em consciência nossa própria verdadeira natureza, ou nossa verdadeira forma como ela é, e como pode ser concebida para ser idealmente. Todos nós partimos de nossa própria realidade – que é esse estado e a experiência desse estado – por causa de uma consciência que é livre para se mover em qualquer direção. Ela constrói a forma mental de cada um de nós por sua ação, suas reações ao mundo externo, às coisas que atraem e às coisas que repelem, e incorpora nessa forma muitas formas claras ou escuras, de medo e de esperança. Esta forma é a estrutura de nosso caráter e mentalidade, psíquica num aspecto, e mental em outro.

O aspecto psíquico pode ser considerado como o lado inferior da alma espiritual, que é a veste do Espírito, mas é também a base determinan-

Espírito, Espiritual e Espiritualidade　　　　　*111*

te da mente positiva que funciona em relação ao mundo da diversidade. Neste último aspecto ela não é pura, e pelo fato de não ser pura não pode ser uma veste do espírito. É um campo de forças que determina a orientação e seletividade da mente.

Somente quando o ser psíquico – ou a alma no sentido menor – é transformado, é que se torna um agente puro para o espírito, desempenhando um papel duplo, receptivo e generativo. Até então recebe e armazena essas tendências de origem terrena que, por ora, determinam o caráter da mente vindoura.

Sendo livre, com a liberdade que obteve ao perder a Verdade que era inerente à sua condição anterior – quando não se tinha ainda separado da alma espiritual ou *Buddhi* – a mente, ou melhor *Manas*, é livre para se deslocar do terreno da verdade ou Realidade e perder-se em ilusões. (Uma ilusão não é ilusão se não for confundida com a verdade). Assim, em seus vários modos de pensar, ela acredita que o verdadeiro é falso e o falso, verdadeiro. Deleita-se em ilusões de felicidade que logo trazem dor.

O estado espiritual é o estado no qual a mente é restituída a *Buddhi*, reunida a ele como um agente ativo seu. *Buddhi*, em si, cintila com intuições de Verdade e Beleza. Num indivíduo essas intuições estão relacionadas às intimações recebidas do mundo de nossa realidade exterior. Quando *Manas* desiste de suas vãs procuras, tendo compreendido sua tolice, funde-se na alma que, não mais estando carregada de impurezas, torna-se pura num aspecto de si mesma – um recipiente de graça, um meio para a múltipla perfeição do espírito – e, em outro, a mãe imaculada de um recém-nascido *Buddhi-Manas*.

Quando a palavra 'alma' é usada, não deve ser transformada em algum tipo de imagem objetiva. Deve-se imaginá-la como o estado de existência ou consciência que é essencialmente um todo, quer esse todo esteja carregado de significado derivado de uma fonte além de si (em cujo caso é o Augoeides imortal), ou seja composto de tendências de experiência terrena (em cujo caso é a entidade não regenerada, a psique, com a qual todos tendemos a nos identificar).

Quando o assunto em pauta é uma definição última, temos um princípio de individualidade que, por mais sutil e intangível que possa ser, se expressa na natureza da alma no que pode ser chamado de sua verdadeira forma, a princípio vagamente, depois como uma imagem ou esboço marcante. Cada forma do indivíduo nos planos inferiores, mais objetivos, que não esteja em conformidade com essa forma interior ou modelo verdadeiro, é uma causa de obscurecimento e obstáculo ao livre fluxo de vida. Uma forma assim, mental-emocional ou psíquica, representando a 'natureza' do indivíduo particular, surge como um produto de forças que, quando não ordenadas a partir de uma harmonia interior de existência (a harmonia que está na forma de sua individualidade), é uma causa de distorção devido a estresses e tensões. Tudo isso é muito sutil por causa da natureza do meio no qual é expresso.

Contudo uma tal natureza – ou meio – interrompe eficazmente o livre fluxo de vida, a naturalidade que deve obter ao longo de todo o caminho, a espontaneidade que daí resulta. Aquilo que chamamos de *nossa* natureza é algo que adotamos, uma criação das forças totalmente ignorantes dessa individualidade que jaz na raiz de nossa existência.

Viver espiritualmente é viver como somos internamente, em harmonia com o que aí existe, fiéis ao ser mais recôndito de nós mesmos. Então a totalidade da vida da pessoa é reformada para expressar a harmonia interior. Todos os seus detalhes ajustam-se num padrão unificado, não num padrão que lhe é dado de fora, mas no padrão de sua autoexpressão espontânea.

O que surge de dentro de si assume forma e contorno, e é sua criação. Assim como a luz de uma certa frequência ou cor, incidindo sobre uma folha de metal, faz com que o metal emita partículas de elétrons, igualmente a luz que incide sobre a textura de uma alma – unida em harmonia interior – faz com que ela envie lampejos que, recebidos por *Manas* – a inteligência – são transformados em formas de expressão e ação. Um viver assim é dinâmico, e o dinamismo do Espírito é imensamente superior ao dinamismo revelado nos níveis puramente mental ou psíquico.

Espírito, Espiritual e Espiritualidade 113

A consciência que é una com a vida possui uma qualidade de compreensão ou permeação, expressa tanto como conhecimento quanto como sentimento de outras vidas. Assim como duas ondas, cada uma com sua própria extensão, podem atravessar uma à outra sem interferência (e se fossem conscientes conheceriam uma à outra), da mesma forma pode uma consciência, movendo-se nos planos de vida, conhecer outras consciências inerentes a outras vidas em virtude de sua união com elas. Ela flui para as formas com tanta rapidez quanto preenche a sua própria. Embora as formas sejam separadas, na vida existe unidade, e a compreensão da unidade dá a verdadeira importância à separatividade.

As palavras espírito, espiritual e espiritualidade referem-se a uma realidade que está em toda parte e é realizável dentro da própria pessoa.

Do Centro à Circunferência

Do centro à circunferência – e da circunferência ao centro – é o processo total do cosmos. É uma vasta vibração, uma expansão e uma contração, com seus *Tattva* e *Tanmātra* (qualidade e medida) dentro das quais são desenvolvidos padrões variados e infinitos, cada um centralizado em torno do ponto de uma individualidade. Este símbolo cósmico – pois tudo na Natureza que é fenomenal e suscetível de discrição é um símbolo – possui gradações de significado que se estendem do indivíduo ao cosmos.

O indivíduo é o centro e, à medida que nos elevamos de plano a plano, a pluralidade de indivíduos torna-se uma unidade, que é o *Ātman*, o Eu uno universal, sempre indiviso. Do ponto de vista da verdade, que é visão sem quaisquer escalas, a pluralidade é apenas uma aparência, uma ilusão, o reflexo de uma luz no salão de muitos espelhos.

O que queremos dizer com indivíduo? Existem a individualidade do eu e o egoísmo, e existe a individualidade que é uma corporificação, a iridescência e objetivação de uma unicidade que é uma essência espiritual. Essa unicidade é a Mônada, a primeira emanação da unidade, a base de todo o desenvolvimento subsequente.

A consciência da Mônada, embora limitada, é ininterrupta, mas chega a um ponto onde se torna sujeita ao jogo dos contrários; um aspecto dela permanece na luz e o outro se move na sombra. Assim é a qualidade da mente. Enquanto persegue a forma externa – a aparência, a circunferência exterior de cada coisa individual – não percebe a vida, a alma, a realidade daquela coisa.

Do Centro à Circunferência 115

A circunferência é uma limitação, uma restrição. Do lado externo é a aparência, a concreta visão objetiva; internamente é a relação com seu centro, a ideia, a vida especializada que está sendo expressada. Fora da circunferência, que é apenas uma linha não existente, em cada ponto é uma forma; internamente, no mesmo ponto, é a ideia que anima a forma, a verdade daquela forma que é também sua bondade e a alma de sua beleza.

Quando a relação do centro com a circunferência é reta, completa e perfeita, a forma é perfeita. Aquilo que é perfeito em seu funcionamento e efeitos é bom e belo. Não existe cânon de beleza por meio do qual o belo possa ser definido. Mas do ponto de vista de que eu falo, só é belo aquilo que parece belo ao puro sentido intuitivo, que não se move por comparação das partes, e de imediato percebe o todo, um senso no qual as partes e suas relações são naturalmente compreendidas.

A beleza pertence à totalidade, não à parte, embora a parte possa também ser bela porque é uma totalidade em si mesma. A beleza jaz na perfeita integração, seja de movimento, cor, linha, som, processos vitais ou termos lógicos. Integração é a unificação de uma multiplicidade, a manifestação do centro no interior da circunferência.

Do centro à circunferência há um processo de diferenciação. Mas cada parte diferenciada tem sua relação com o centro. A ideia, o significado, o propósito, que é o centro, está presente em cada parte ou elemento diferenciado. É a presença da qualidade de vida pertencente ao todo que possibilita a síntese ou integração. Pois vida pode combinar-se com vida, consciência mistura-se com consciência, visto que vida e consciência são plásticas e vitais.

Deve-se imaginar a síntese não como um agrupamento mecânico, mas como a expressão de uma unidade de vida integral. Os homens perfeitos de cada raça, de cada estágio de evolução tornam-se internamente integrados. Isso é difícil de ser imaginado por nós, porque enxergamos o processo não com uma consciência vital e unificadora, mas com mentes formais e separativas. Ainda assim, isso nos dá alguma ideia do que acontece no ciclo de retorno, distinto do ciclo de ida.

A contraparte de integração é criação, o surgimento de uma nova ideia. Toda ideia perfeita, ou percepção, é individual. A essência de sua individualidade é sua plenitude, seu autorretraimento, sua inteireza. As criações de nosso ser subjetivo são essas individualidades, que trazem a marca e o selo da perfeição que está nesse ser, que é esse ser. Do centro à circunferência está aquele impulso radiante que se corporifica num ato perfeito – uma criação em uma forma ou outra. Falamos do espírito divino como o espírito criativo, e o homem que encontrou seu centro – e age a partir daí – é também capaz de criar.

Todo o senso de beleza é criado por uma inteireza no relacionamento que, analise-se como se queira, em ainda mais e mais partes (criando assim pela análise uma extensão, uma expansão, não aparente à primeira visão simples, compreensiva ou integral), prova apenas que é cada vez mais completo e compreensivo. Não será esta mesma análise ou diferenciação o infinito surgimento de espécies, de individualidades e subespécies na evolução objetiva que estamos em condição de estudar?

O mundo é a circunferência; no coração do homem está o centro. Ele tem de estabelecer uma relação viva entre os dois. A princípio, essa relação é comparativamente estática quando a circunferência é estreita e o homem é o centro de seu pequeno círculo. A relação se torna infinitamente dinâmica quando a circunferência inclui todas as coisas, e seu centro é um com o centro do círculo de existência universal. A forma é relativamente estática e sobre a circunferência estão todas as formas. A vida é dinâmica e o centro é o centro de vida. Consequentemente, a relação do centro à circunferência (quando o centro é tocado pela consciência viajando a partir da circunferência) é um relacionamento dinâmico.

O homem dinâmico é geralmente considerado como tal quando tenta mudar outras pessoas e coisas, sem mudar a si próprio; mas, do ponto de vista do Ocultismo ou da Verdade, a mudança deve começar com a própria pessoa, e será uma revolução contínua. Pois tudo que aconteceu até agora é uma involução, cujo reverso, isto é, a descoberta de nós mesmos por nossa

Do Centro à Circunferência

consciência liberta, significará a liberação de cada força simples aprisionada nessa involução. O processo de imanência é um lado, e o processo de transcendência – que é libertação e autodescoberta – é o outro lado do ciclo.

Da circunferência ao centro está a reação de cada indivíduo às circunstâncias de sua vida. Quando essa reação é direta, passa através do centro, que é o coração mesmo de seu ser.

No *Bhagavad-Gita* é especialmente enfatizada a virtude da igualdade com relação a tudo. É o relacionamento do centro à circunferência. Igual em honra e ignomínia, a amigo e inimigo, no sucesso e no fracasso, é a descrição que faz *Shri Krishna* do homem que se libertou – o devoto ou místico que lhe é mais querido. Essa similaridade não surge da indiferença, ou de alguma falta de sensibilidade. Ela se deve a um desapego interior juntamente com uma sensibilidade envolvente.

Experimentar tudo, seja de prazer ou dor – mas somente quando e como surgir, e não buscar nem temer a repetição da experiência – é a atitude do iogue. Isso, certamente, é de difícil realização. Mas, longe de sermos os mesmos, podemos tentar ser equilibrados.

Podemos ser os mesmos para com o assim-chamado amigo ou inimigo, pois o divino está em tudo. As disputas e lutas estão apenas na superfície onde tudo é disposto em modos contrários. No fundo é a mesma vida em tudo, e está dentro de nossa capacidade alcançar e manter uma atitude de boa vontade universal. É possível lidar com todos os seres humanos – ricos e pobres, espertos e simplórios – fundamentalmente como nossos iguais. Existe uma igualdade natural que vemos no comportamento das crianças entre si, embora infelizmente elas a percam muito rapidamente.

Quando levamos a Natureza do centro para a circunferência, qualquer que seja o ponto que a toquemos, existe amor. Sutilmente se sente que o outro é a própria pessoa embora diferente, ela própria numa vestimenta de amabilidade, até aqui oculta, exalando um novo perfume. A fricção de elementos diferentes eletrifica, acende o senso de unidade, e transforma a Natureza da diferença que percebemos, produzindo, assim, uma versão daquele outro que lá esteve o tempo todo, não manifesto à insensibilidade de nossa absorção na familiaridade do conhecido.

Agora nossa humanidade está pronta para ser política e sociologicamente integrada. A diferenciação em raças e culturas já progrediu suficientemente para que se efetue uma união entre elas. As condições físicas, para uma união assim, foram trazidas à existência pela operação do princípio mente em seu aspecto científico ou objetivo. A união em si tipificará a manifestação do outro aspecto, ou seja, a mente superior.

A Sociedade Teosófica existe para auxiliar este processo, pois sua influência é uma influência unificadora. A fraternidade por ela proclamada implica a afirmação simultânea tanto da unidade quanto da diferença, com a implicação de que as diferenças têm seu lugar e precisam ser compreendidas e tratadas com sabedoria. A cada um segundo sua necessidade, de cada um segundo sua capacidade, é o princípio familiar. A Sociedade, por meio do estudo comparativo, busca também produzir uma síntese no campo do pensamento, e pela descoberta da identidade do princípio-alma no homem, promover a unidade humana.

A influência da Teosofia irradia-se para fora a partir do centro, pois ela é sabedoria espiritual. Seu propósito é reunir os homens num movimento da circunferência em direção ao centro.

Beleza e Arte

A beleza é indefinível porque é uma expressão da divindade que está na vida. A feiura surge quando a vida no interior da forma é impedida por um defeito na forma criado por seu funcionamento. A vida sempre busca integrar os elementos disponíveis em alguma forma de harmonia. Quando essa integração é completa existe beleza. No todo é expressado algo que não estava nas partes. Assim, a vida é plena de significado, plena de 'ideias' que podem ser bem ou mal expressadas. A totalidade do processo evolutivo é um processo de fazer brotar essas ideias. Elas existem em latência; são manifestadas no tempo apropriado quando as formas e o material estão evoluídos. Esta é a arte da Natureza.

Toda ideia – a essência de cada integração – é algo indefinível, um círculo que não pode ser disposto em ângulo reto; é capaz de análise, pode estar sujeito a cálculo, mas não é capaz de expressão em quantidades mensuráveis finitas.

Beleza, bondade e verdade (o triângulo equilátero da virtude, que é reta energia) são inseparáveis como a Trindade do pensamento cristão. São aspectos da mesma Realidade – Verdade em seu aspecto inerente, eternidade repetida no tempo, as ideias de pensamento divino; Bondade em relação a todas as outras formas e expressões, desabrochando-se sempre mais e mais em ação; uma curva aberta de progressão para a qual não há limite nem fim. É beleza em sua manifestação exterior, uma definição por si só; Verdade em seu aspecto subjetivo interior, e bondade cuja natureza é um movimento perfeitamente equilibrado entre sujeito e objeto.

Existe beleza, seja na Natureza ou na arte, onde há expressão de um fragmento de pensamento divino, quando esse pensamento corporifica um raio da natureza divina. Essa natureza está também na consciência do homem, que é um foco individual da vida universal. Por essa razão, toda ideia verdadeira faz um apelo à inteligência do homem, que é aceita por ele quando suficientemente evoluído para tal. A potencialidade de ser afetado por essa ideia está nele, muito embora possa não ser compreendida num estágio particular.

A faculdade de cognição não é a mente raciocinativa que raciocina passo a passo. A cognição assimila de imediato os diferentes aspectos ou partes da coisa que lhe é apresentada, e é afetada por essa coisa de um modo que imediatamente prova sua verdade. Assim, uma sequência de sons ou um acorde demonstra ser musical sem qualquer exame mental.

Todas as grandes ideias e as descobertas mais importantes chegam à inteligência humana instantaneamente.

O apelo da beleza é aquilo que nos livros teosóficos é chamado de *Buddhi* ou a intuição espiritual no homem. Pouco conhecemos de sua Natureza, mas quando a intuição é tocada, há um sentimento de pura felicidade, um senso de unidade, uma moldagem ou organização da natureza interna do homem mais próxima de seu padrão original. Isso lhe confere um maior senso de individualidade, o efeito subjetivo de fazer o homem adiantar-se um passo rumo à sua própria unicidade, produzindo um senso de certeza em ação e trazendo a algum julgamento a necessária aprovação do interior.

Pode haver um belo objeto ou uma verdade que não toque esta faculdade numa pessoa. Pois a coisa tem de evoluir, ampliar-se e contatar os fatos do mundo físico (ou dos mundos inferiores) que dela estão separados. Até que a faculdade seja capaz de operar num campo particular de fatos, a verdade que ela tem de desvelar deve esperar o momento oportuno.

O homem primitivo, sendo pouco desenvolvido, pode aclamar algo que seja grosseiro e espalhafatoso como objeto de prazer. Mas gradualmen-

Beleza e Arte

te, à medida que a evolução prossegue, nossa percepção é refinada e somos capazes de separar os verdadeiros valores da arte – entre outras coisas – dos que são falsos.

Não existe autoridade em arte, pois a apreciação tem de vir espontaneamente do interior. Uma autoridade aceita pelos outros pode revelar-se incorreta, e a arte deve ser livre de imposições. Contudo, embora possa não haver definição do que é certo, o senso do que é certo cresce gradualmente. Aquilo que apela à natureza mais profunda no homem, na qual está a possibilidade da síntese mais perfeita e compreensiva, é aquilo que inevitavelmente sobreviverá. Outros gostos, outras ideias devem desaparecer e ser suplantados.

Arte nem sempre é sinônimo de beleza, pois pode ser superficial, um mero embuste; pode ser uma matéria de técnica. Arte não é uma mera questão de usar meios independentemente da natureza dos fins. Os meios estão relacionados aos fins. Não existe beleza numa assim-chamada obra de arte que produza um efeito psicológico que esteja longe de ser belo. Ela pode representar um tipo de astúcia que pertence à vida no arco descendente de seu ciclo, enquanto ainda está diferenciando-se e se materializando.

A arte mais bela e eficaz é aquela na qual a forma está subordinada à vida, na qual o mínimo de material é usado com o máximo de efeito, e na qual cada detalhe está organizado para promover ou expressar a ideia residente.

Pode-se ver organização desse tipo nos objetos naturais, numa folha, num pássaro, num peixe, em tantas outras formas orgânicas. A vida cria os órgãos necessários para a conquista do elemento no qual penetra. Quanto mais consiga penetrar esse elemento ou meio, maior o seu poder de autoexpressão que, em ação, é capacidade, a autorrevelação de sua natureza que é beleza. Assim, num aspecto beleza é aptidão, capacidade e utilidade, noutro é combinar e crescer junto. Esta combinação tornar-se-á cada vez mais evidente à medida que a evolução prosseguir.

Beleza suscita liberação de vida. Toda manifestação deve ser numa forma de algum tipo, mas forma é limitação. Uma sequência de sons com o objetivo de produzir um efeito particular deve excluir todos os demais sons. Limitação significa uma restrição à vida nessa forma. Mas quando a forma torna-se bela, ela permite que a vida manifeste sua natureza, e dessa maneira o seu propósito é realizado. Somente na realização da beleza perfeita em pensamento e ação existe verdadeira realização ou verdadeira autorrealização.

O senso de beleza jaz na percepção de uma relação no espaço, no tempo ou em ambos. Não jaz no material nem na coisa em si, embora identifiquemos a relação com a coisa. Quem é mais sensível ao relacionamento é aquele que consegue vê-lo com mais clareza separado do meio no qual está refletido. Ao mesmo tempo torna-se para ele uma abstração, uma 'ideia' viva.

Sente-se que essa ideia é bela porque corporifica uma lei de harmonia que está nela mesma, e em sua legitimidade jaz a essência de sua beleza. O Um torna-se os muitos. Mas os muitos surgem no tempo e em diferentes direções ou ao longo de diferentes raios a partir do centro comum. Daí as inúmeras diferenças. Mas existe um relacionamento entre a unidade e a multiplicidade, que é lei por si só, as leis da Natureza ou as leis de Deus. Essas leis são generalizações que unificam fatos e fenômenos particulares, e são a base da ordem. Quando somos afetados por essa lei ou por alguma das leis que estão numa coisa bela, dizemos que é belo.

Nossa consciência pode ser afetada por essas leis porque essa é sua natureza. Aquelas que são as leis do universo são também as leis de nosso ser, pois em sua pura natureza o homem é um centro da vida que perpassa o universo.

Se são belas, todas as artes devem corporificar as mesmas leis, daí sua unidade. Os princípios por meio dos quais elas apelam às nossas mentes devem ser os mesmos. É a mesma consciência que é afetada pelas diferentes artes de diferentes maneiras. No modo como é afetada está um indício de sua unidade.

Beleza e Arte

A consciência é algo tão plástico que pode ser rápida e facilmente moldada. Por isso não é sempre que vemos, apreciamos ou julgamos as coisas com a pura consciência incondicionada; mas nessa consciência residem as qualidades da natureza divina, o poder de resposta às suas belas manifestações. Nela está o verdadeiro e incorruptível juiz da natureza da coisa que lhe é apresentada, que pode dizer se é verdadeiramente bela ou não, legítima ou não segundo as leis de Deus. O apelo da arte é à intuição no homem que pode julgar com perfeição e não aceita ordens.

Arte sem beleza é mera pretensão; arte nada tem a ver com produzir efeito.

Quanto maior o círculo da percepção e da compreensão pessoal, maior o número de pontos distinguíveis marcando sua fronteira. Com cada ampliação do círculo, maior a distinção e clareza de cada ponto individual de cada 'ideia' no céu do pensamento divino. Quanto maior a distinção e clareza como é percebida, maior a precisão com que pode ser projetada no plano de formas e materializações.

Cada uma dessas transfixações de uma ideia divina ou etérea é a criação de uma obra de arte pela qual a ideia é revelada ou desvelada. Assim, arte é a transformação de ideias a partir do céu aparentemente vazio, mas, não obstante, cintilantemente iluminado em formas que aprisionam apenas para manifestar essas ideias.

A Totalidade da Verdade

Embora o título deste artigo possa soar um tanto abstrato e metafísico, a verdade não é abstrata, mas real, uma coisa a ser experimentada, e quando é verdade com relação à ação e à natureza da vida, imediatamente assume cor e luz e apresenta-se com um extraordinário alcance e profundeza de significado.

Verdade é o que verdadeiramente existe ou ocorre, não o que é meramente imaginado, não é uma impressão contrária aos fatos, embora a impressão também seja um fato pelo valor que tem na mente da pessoa que a acolhe. Portanto, a totalidade da Verdade é a verdade de tudo que é, incluindo todos os fenômenos e todas as coisas que existem. Quando dizemos que algo é um fato ou que é verdadeiro, é somente a partir de nossa compreensão do fato, e nossa compreensão é passível de ser parcial e preconceituosa ou até mesmo incorreta. Quando descrevemos uma situação, algum objeto que vemos, ou o caráter de uma pessoa, estamos descrevendo apenas uma imagem em nossa mente, e essa imagem pode não representar a verdade em sua integridade e essência próprias. Pode realmente haver um estado de consciência no qual a verdade seja plenamente conhecida; mas isso seria por identidade com o objeto em si, um estado no qual não existe separação entre a consciência que apreende e o que é apreendido. Se houver uma tal consciência, então ela pode conhecer a verdade de qualquer coisa que queira conhecer.

Tudo que existe pode ser classificado em quatro categorias. Primeiro, existe matéria composta de várias substâncias em muitas formas diferentes; e toda matéria é conversível em força. Existem as coisas e forças do mundo

A Totalidade da Verdade

material, e a compreensão dessas coisas, forças – e das leis pertinentes a elas – representa a verdade em um certo nível.

Depois, existe outra categoria, surpreendentemente diferente da matéria; é a vida, que parece elevar-se de condições particulares de matéria, mas pode ter uma fonte e *status* diferentes. A vida pode não ser o produto da matéria, mas uma energia que meramente usa uma base material. Ninguém pode razoavelmente dizer que essa visão é ilógica ou que não está de acordo com os fatos da ciência.

Na terceira categoria está a consciência que em algum grau está sempre presente na vida. Vida significa experimentar e agir. Experimentar as coisas, responder a estímulos e aos impulsos à ação, a vontade de realizar essas coisas – todas pertencem à vida e à consciência.

Mas a distinção entre elas é que a consciência tem uma liberdade que a vida não possui. A vida sempre se move com os processos da organização que habita e emprega. No corpo humano ocorrem vários processos ao mesmo tempo – impulsos nervosos, movimentos de diferentes tipos, ação química, ação elétrica – e não conseguimos ver a vida separada desses processos. Ela parece dirigir todos eles com uma inteligência instintiva. Ninguém foi capaz de explicar como surge essa inteligência; ela é eletrônica em sua rapidez, em seu poder de coordenação e precisão, e além disso é capaz de dispor de suas energias para enfrentar cada contingência. Já a consciência tem um tipo de ação diferente; ela se baseia na organização, mas é capaz de ir muito além de seus processos. Ela age livremente, exceto pelas limitações desenvolvidas por ela mesma. Pode imaginar qualquer coisa que queira, mas o que é imaginado pode estar no terreno da verdade, ou não ter essa base.

Existe outra categoria que surge da consciência quando está completamente purgada de todas as ideias e fatores que predeterminam sua ação. Se olharmos para nossas mentes como elas são, notamos o fato de que estão abarrotadas de ideias estabelecidas; existem hábitos estabelecidos de pensar e modos de reagir às pessoas, às situações e às coisas. Tudo isso junto condiciona a mente, e nossos pensamentos, sentimentos e julgamentos são produtos desse condicionamento. Mas suponhamos que a consciência esteja purgada desse condicionamento – de tudo que de antemão determina sua ação – então ela será uma consciência totalmente diferente com ação, qualidade e valores diferentes.

A totalidade da verdade deve incluir o que pertence a todos os níveis de nosso ser: forma e vida, assim como o florescimento dessa vida. Ora, teoricamente a Teosofia (diferentemente do que quer que encontremos em qualquer livro que possa ser somente uma afirmação parcial), como existe na Natureza, deve ser a totalidade da Verdade, englobando esses diferentes níveis.

Literalmente, a palavra Teosofia significa sabedoria, e não conhecimento. A sabedoria jaz na ação concorde com a verdade, não segundo qualquer ideia superficial ou falsa. Ação inclui não apenas ação externa, mas também pensamento e sentimento, que são as atividades da consciência ou existência pessoal. Ação deve significar toda ação que ocorre no terreno ou a partir do terreno dessa existência. A verdade, em sua plenitude, não pode ser meras ideias, ou compreensão mental, mas deve incluir o que é conhecido através do sentimento, da apreciação de valores, tal como a beleza, traduzidos em termos de sentimento.

A compreensão puramente mental, seca, prosaica é como uma placa de raios X, muito diferente do corpo de carne, e assim deve necessariamente ser insatisfatória. A verdade, no senso de uma compreensão profunda, total, vital, incluindo a vida e seus significados, só pode surgir a partir de uma mente aberta e incondicionada, cuja natureza seja pura sensibilidade e nada mais.

Se já houver algum elemento, ideia, ou fator, algum mecanismo estabelecido na consciência, então essa consciência agirá segundo essa ideia, hábito, ou mecanismo; mas, quando nada desse tipo existe, a consciência permanece em sua própria natureza pura, que é estar perceptiva, ser sensível, responder.

A Totalidade da Verdade

Na verdade, consciência é a capacidade de responder a tudo como é, e essa resposta deve incluir um senso de beleza, a percepção do não belo, um senso de proporção e sentimentos de inúmeros tipos. Sabedoria é Verdade em ação. Quando a Verdade age, em vez de nós agirmos segundo o que pensamos ser a verdade, então a natureza dessa ação manifesta tanto sabedoria quanto beleza.

Em sua totalidade, a Verdade não é compreensível pela mente que usamos. Esta é uma era mental e a mente está extremamente ativa; na verdade ela tem realizado maravilhas. Seu método é reunir fatos, estabelecer relações, formular hipóteses, e usar essas hipóteses. E isso ela tem feito com bons resultados. Portanto, pensamos que a mente, quando a vemos em operação, é tudo em tudo. Precisamos compreender que ela tem suas limitações. Ela geralmente trabalha com dados imperfeitos; seu julgamento pode não incluir todos os dados relevantes. Além disso, ela é parcial no próprio modo de ação.

Tendo em conta todo um campo de fatos, todos relacionados entre si, ela tem de começar a partir de um ponto no campo e depois prosseguir passo a passo para os outros, estabelecendo relacionamentos entre eles. Quando ela assim faz, sua perspectiva deve ser diferente do que seria se tivesse começado em outro ponto. Sua perspectiva em cada ponto é necessariamente parcial. As testemunhas de um acidente na estrada apresentarão cada uma um relato diferente, pelo menos em suas ênfases e avaliações. A não ser que a pessoa seja capaz de se elevar totalmente acima das circunstâncias e assimilar o todo num relance, não haverá possibilidade de uma compreensão totalmente correta.

Ademais, a mente não está separada das emoções e é inútil pensar que é possível essa separação total entre elas. Mesmo quando as emoções não estão ativas, existe sempre um fundo emocional. Frequentemente a pessoa tem uma tendência inconsciente e a mente, por via de regra, interpreta os fatos para satisfazer a si própria. Se você tiver preconceito quanto a uma pessoa, tudo que ela fizer ou disser será automaticamente distorcido para satisfazer esse preconceito. A mente, tal como se apresenta, é um instrumento muito imperfeito.

Existe uma consciência que pode assimilar o todo, que pode manter-se à parte do campo dos fatos e olhar para ele a partir de uma dimensão diferente. Pode assimilar tudo em relação a tudo mais, exatamente como é, sem qualquer interpretação, qualquer tendência ou parcialidade. Isso só ocorre quando a mente está destituída de todos os elementos alheios à sua própria natureza, à qualidade e textura do que ela é em essência. Então ela nada mais é do que um espelho da verdade, negativo e sensível. É possível para a mente estar nessa condição negativa na qual é totalmente receptiva, sem engajar-se em qualquer atividade de pensamento que altere ou diminua a recepção. Ela então fotografa tudo que está diante de si, em profundidade, não meramente a forma, mas também a beleza e o sentimento da coisa.

Uma consciência nesta condição está sem qualquer nuvem subjetiva ou complexo subconsciente. Existe apenas sua natureza pura, e nada mais. O que é experimentado nesse estado são modos de seu próprio livre funcionamento, livre de fatores determinantes. Quando algo age automaticamente é porque seu mecanismo é determinista em natureza; portanto não pode haver liberdade. A consciência só é livre no mais pleno sentido quando existe liberdade em sua ação em cada ponto.

A mente, considerada como separada do ser pessoal, é realmente um instrumento desse ser, nem boa nem má em si mesma. O modo como ela age depende da natureza que a usa. Se for usada por uma natureza que seja boa, sua ação e os efeitos dessa ação serão muito diferentes do que seriam se usada por uma natureza que seja cruel ou viciosa. A maioria de nós, na maioria das vezes, não age com a totalidade de nosso ser, com a totalidade de todo nosso interesse e ação, por causa de vários impedimentos em nós próprios. Mas existe a possibilidade de funcionar com a totalidade da consciência, com toda a natureza, quando esses impedimentos não existem.

Este funcionamento da consciência, ou da existência como um todo infinitamente sensível e não dividido, está em inúmeros modos e formas,

A Totalidade da Verdade

todos formas de harmonia. É isso que constitui a infinita beleza da alma. Temos de fazer uma distinção entre o que é verdadeiramente belo, e o que é meramente considerado belo por uma pessoa ou outra. É possível condicionar-nos para admirar as coisas que naturalmente não admiraríamos. Quando gostamos de algo que consideramos agradável, talvez o chamemos de belo. Mas a verdadeira beleza é aquela que se revela à consciência imparcial, incondicionada, fora da qual não existe critério absoluto.

Existe verdade interior e verdade exterior. Podemos compreender a verdade das coisas que existem fora de nós, sua natureza, sua forma, seus movimentos e propriedades. A verdade interior é verdade em compreensão, em sentimento, em experiência. Quando se entra em contato com uma coisa, qualquer que seja sua natureza, qualquer ação com relação a ela só é absolutamente certa se for ação com uma consciência pura que não esteja condicionada para gostar ou antipatizar. Seu sentimento é o *verdadeiro* sentimento com relação à coisa. Existem outros sentimentos que não são a resposta verdadeira, uma vez que eles só surgem do condicionamento pessoal

A ação consciente em sua própria natureza é tanto percepção (que, quando não é de algo concreto, pode-se dizer ser como uma intuição da verdade) quanto criação. A diferença consiste em que, em um dos casos, ela simplesmente percebe ou experimenta a verdade – algo que existe – e, no outro, existe a criação de uma forma na qual está expressa a natureza do que é experimentado.

A ação consciente em sua pureza inclui o amor e todos os belos sentimentos; podem existir muitos desses sentimentos, assim como podem existir muitas harmonias, todas elas combinações de vibrações ou ritmos. Quem quer que ame música sabe como ela pode evocar sentimentos que não podem ser descritos; os movimentos da pura consciência espiritual são como música.

A verdade com relação à natureza da vida e da consciência tem de ser experimentada; não pode ser conhecida de longe. Não se pode conhecer a natureza da vida olhando-se para uma coisa viva superficialmente e observando seus movimentos. Só é possível extrair deduções, e atribuir sentimentos ou motivos à criatura viva que participa da experiência pessoal. A verdade do que somos, como seres de vida e consciência, é capaz de ser experimentada diretamente, imediatamente, sem qualquer hiato entre o que é experimentado e a consciência que experimenta. Num conhecimento assim não existe espaço para dúvida ou argumento, nem mesmo para raciocínio.

Aqueles que experimentaram a verdadeira natureza da vida e da consciência – que é possível ao se descobrir as várias camadas do vir a ser pessoal, ideias, sentimentos, hábitos estabelecidos, etc. – prestam testemunho ao fato de que a vida é una em essência, embora traje uma infinidade de formas. É uma única energia que flui através de um número infinito de canais que são as várias formas e associação de formas na evolução de cada tipo particular, em cuja sucessão está o aperfeiçoamento de sua individualidade. Por causa dessa unidade, conhecer a natureza da vida em si própria é conhecê-la em tudo.

Ora, matéria, vida, consciência e espírito – o mundo da verdade e da beleza revelado no estado incondicionado – são todos seções de um todo. Matéria, a organização material, constitui a limitação da vida e define seu modo de ação. Segundo a natureza da organização é o funcionamento da vida. A vida é una com a consciência, e a consciência é o agente do espírito.

A base do conhecimento num ser individual é a natureza de sua consciência. O funcionamento de seu ser consciente é a base de todas as suas percepções, de todo seu pensamento. O que limita esta consciência, sua capacidade quase ilimitada, é a condição de autoinvolução, uma condição que demanda autoconhecimento. Tornamo-nos apegados não apenas às pessoas, mas a coisas e condições, também às nossas ideias, na verdade, a qualquer coisa que nos proporcione prazer e gratificação.

O centro desses apegos é o centro de um círculo limitado, um recinto no qual o eu está aprisionado. Quando esse centro, que é como o vórtice de

A Totalidade da Verdade

um redemoinho, é dissipado e o redemoinho desfeito, a consciência é liberada de sua escravidão e conhece toda a extensão de si mesma e a verdade de tudo que toca essa extensão. Ela conhece e sente a verdade, a verdadeira natureza de cada coisa que existe, sem reação de memória prévia. Não há reação, mas apenas conhecimento e ação.

Essa consciência age em totalidade, uma vez que nada existe nela para dispersá-la no modo como nossas naturezas são dispersas. Somos afetados por muitas coisas externas de diferentes maneiras, e tudo isso altera a mente a tal ponto que, em vez de manter sua forma integral, ela se dispersa.

Esta é a condição de uma mente fraturada que se faz passar pela totalidade do ser. Quando a mente age totalmente em cada uma de suas ações, em cada foco individual de toda a consciência, existe nela uma qualidade de totalidade e unidade. Quando a ação não ocorre com uma pequena parte da mente ou da atenção pessoal, as energias do todo são harmonizadas e estão presentes em cada ponto.

Sendo a consciência, em sua natureza inerente, sensibilidade em si mesma, a medida de sua sensibilidade é a medida do que existe para conhecer. O universo é formado de tal modo que o sujeito iguala-se ao objeto, sendo o objeto as coisas a serem conhecidas, sendo o sujeito o indivíduo ou a consciência que conhece. 'A natureza do Eu [o Eu Superior] é conhecimento'. Não podemos dizer quanto sua consciência pode abarcar, que profundezas contém, a natureza de sua experiência. Sua capacidade deve-se em parte ao veículo, e em parte às limitações formadas em sua não percepção.

Podemos aceitar o ponto de vista de que tudo que existe é vida de alguma forma, que a vida é uma energia que opera em toda parte, e podemos considerar todas as formas como limitações dessa vida. Este ponto de vista é convincente mesmo segundo a ciência, porque aquilo que podemos chamar de matéria é sem substância; é apenas energia agindo através de diferentes desígnios. Podemos compreender que a totalidade da Verdade é a totalidade das expressões da vida, que são infinitas e variadas, nenhuma idêntica à outra.

Sendo a vida a mesma na gota e no oceano, no indivíduo e no universo, é possível experimentar a natureza dessa totalidade em si próprio. A própria palavra 'universo' sugere uma unidade que se manifesta em diversidade. Mas para a unidade, a assim-chamada totalidade seria apenas um conglomerado. Se considerarmos o universo como a expressão da vida una, então sua unidade é orgânica, é verdadeiramente uma universal Árvore da Vida.

A vida não é estática, e está em constante expansão, transformando, evoluindo, trazendo cada forma individual, cada expressão individual de si própria, ao seu próprio pico de perfeição. O tempo inteiro existe uma liberação de importância, não apenas mais capacidade e inteligência, mas também mais sensibilidade e expressão.

A Verdade, neste sentido de verdade da vida que está em toda parte, de sua infinita beleza, flui somente para o interior de um coração que esteja completamente aberto e preparado para a sua recepção. Assim como a natureza de todo o oceano está refletida numa simples gota de sua água, similarmente a totalidade da vida – incluindo todas as suas expressões, toda sua beleza, toda sua inteligência, todos os seus movimentos – é capaz de ser refletida no coração de um ser individual quando esse coração estiver totalmente puro, aberto e nada busque para si.

OUTROS LIVROS DE AUTORIA DE SRI RAM

Em Busca da Sabedoria, Sri Ram

Com seu talento característico para apresentar ideias profundas de modo claro, Sri Ram apresenta, nesta obra, uma reflexão sobre a autêntica sabedoria, que é diferente do conhecimento e da erudição. A Sabedoria é uma maneira de viver, é algo essencialmente transformador.

O Homem, sua Origem e Evolução, Sri Ram

Este livro é uma investigação sobre o enigma do homem: o que ele é, qual a sua origem e como se processa a evolução. É uma introdução à antropologia teosófica, na qual o homem é visto como o peregrino espiritual em busca de uma maior expressão da sua natureza sutil.

**LIVROS DE AUTORIA DE RADHA BURNIER,
FILHA DE SRI RAM**

O Caminho do Autoconhecimento, Radha Burnier

A Fonte da felicidade é a própria consciência. Sabedoria, amor, liberdade e inteligência são alguns dos dons naturais da consciência. Todos que têm por meta redescobrir este estado, que desejam trilhar o caminho do autoconhecimento, poderão encontrar neste texto ferramentas úteis para uma compreensão maior da vida e de si mesmos.(livro de bolso)

Aprendendo a Viver a Teosofia, Radha Burnier

Esta obra investiga tanto os fundamentos da meditação, quanto a consciência e seus poderes, visando despertar a nossa auto-observação para expandir nossa percepção dessa sabedoria da vida. A Dra. Radha Burnier foi presidente da Sociedade Teosófica Internacional, na Índia, e faleceu em 2014. Ela descreve descreve esses estágios do caminho do autoconhecimento a partir de sua própria vivência e do convívio com N. Sri Ram e Jiddu Krishnamurti.

Maiores informações sobre Teosofia e o Caminho Espiritual podem ser obtidas escrevendo para a **Sociedade Teosófica no Brasil** no seguinte endereço: SGAS Quadra 603, Conj. E, s/ nº, CEP 70.200-630 Brasília, DF. O telefone é (61) 3226-0662. Também podem ser feitos contatos pelo fax (61) 3226-3703 ou e-mail: secretaria@sociedadeteosofica.org.br
site: www.sociedadeteosofica.org.br.